TABLEAUX DE L'ÉCONOMIE BRETONNE

édition 1996 données disponibles au 1er octobre 1996

Signes conventionnels utilisés

...	Résultat non disponible
-	Résultat nul
///	Absence de résultat due à la nature des choses
r	Nombre rectifié
ε	Résultat inférieur à la moitié de l'unité utilisée
p	Nombre provisoire

Directeur de la publication	Yves GUÉGUEN
Rédaction en chef	Micheline TESSIER
Coordination de la fabrication	André PINCÉ
Composition et mise en pages	Albert BOUDREUIL Patrick HELLEUX Guy LARMET Gérard LECOMTE
Impression	MÉDIA GRAPHIC - RENNES

Dépôt légal Octobre 1996

Avant-propos

Cette 10ème édition des **T**ableaux de l'**É**conomie **B**retonne s'inscrit dans l'année du cinquantenaire de l'INSEE. Vous trouverez dans cet ouvrage les données économiques les plus récentes disponibles, complétées par des évolutions sur plusieurs années.

Cette année, l'ordre des rubriques a été modifié : elles ont été regroupées en six grands chapitres. Deux nouveaux sujets sont traités : l'environnement et la justice.

Les **T**ableaux de l'**É**conomie **B**retonne vous permettent de disposer d'un instrument de connaissance générale sur la Bretagne d'aujourd'hui. C'est aussi un outil qui vous aide à situer la Bretagne dans la France.

La rédaction espère que cette nouvelle édition vous donnera toute satisfaction. Vos remarques, critiques et suggestions seront les bienvenues. Elle remercie toutes les personnes des services statistiques, internes et externes à l'Institut qui ont bien voulu apporter leur contribution à la réalisation de cet ouvrage.

le 8 octobre 1996

SOMMAIRE

BILAN DE l'ANNÉE 1995

L'ENVIRONNEMENT ÉCONOMIQUE DE L'ANNÉE 1995

■ L'environnement international

Un ralentissement général de l'activité

Si la croissance mondiale a été plus forte en 1995 (en moyenne + 3 %) qu'en 1994 (+ 2,5 %), elle le doit au dynamisme des pays émergents d'Asie, d'Europe centrale et orientale. Celui-ci a compensé le net fléchissement de la zone OCDE, dont la croissance n'a pas dépassé 2,5 %, au point de nourrir, en fin d'année, la crainte d'un avortement de la reprise en Europe.
Dans les pays d'Europe continentale, la reprise de 1994 reposait sur des anticipations de redémarrage soutenu de la demande. Or, fin 1994, ce scénario ne s'est pas réalisé. En particulier, la consommation des ménages est restée freinée par des craintes relatives à l'évolution de l'emploi et aux mesures d'assainissement des finances publiques. L'année 1995 a donc démarré avec des perspectives sensiblement dégradées pour les industriels. Dans les pays à monnaie forte, qui ont connu dès janvier des turbulences sur le marché des changes, l'ajustement a commencé immédiatement, tandis que dans les pays à monnaie faible, il a été retardé jusqu'au second semestre. A l'opposé de 1994, 1995 aura été l'année du mouvement de déstockage, lequel a constitué un frein à l'investissement productif et à l'amélioration du marché du travail. La remontée du chômage à la mi-1995 a accentué la chute de la consommation des ménages et le recours à une épargne de précaution.
Aux Etats-Unis et au Royaume-Uni, le recul de la demande intérieure, induit par le durcissement des politiques monétaires de 1994, a été accentué par le tassement de la demande étrangère. Pour autant, la demande des ménages restait bien orientée du fait de l'amélioration du marché du travail. Aux Etats-Unis, l'investissement productif s'est montré encore dynamique.
Le Japon a donné des signes de reprise bien que la croissance ait été freinée par le niveau du yen et le manque de confiance des ménages.
En Amérique Latine, un certain nombre de pays ont connu un tassement net de leur activité, du fait des politiques de rigueur destinées à compenser les effets de la crise du peso mexicain. En revanche, la croissance a été vigoureuse dans les pays émergents de l'Asie (près de 8 % sur l'année) et a contribué largement à la vitalité du commerce mondial. Elle est restée dynamique dans les pays d'Europe centrale et orientale, s'est accélérée en Afrique, et s'est stabilisée en Russie.

Absence de tensions inflationnistes

L'infléchissement de la croissance a fait reculer les craintes inflationnistes. La diminution du taux d'utilisation des capacités productives a entraîné une importante compression des marges bénéficiaires dans la zone OCDE. La limitation des tensions salariales et des gains de productivité appréciables, associés à une relative stabilité du prix des matières premières à partir de l'été, ont contenu les coûts de production.

Assouplissement des conditions monétaires et financières

Tout ceci ne pouvait que concourir à un relâchement des politiques monétaires, qui s'est traduit par une baisse des taux d'intérêt à court terme. Parallèlement, les marchés obligataires enregistraient un repli des taux longs. Après les turbulences sur les marchés des changes provoquées en début d'année par la crise du peso mexicain, une correction s'est opérée au second semestre, avec un dollar mieux orienté et des places européennes devenues plus attractives.

Taux de croissance du PIB en volume
Moyenne annuelle, en %
Source : Direction de la Prévision

	1994	1995
États-Unis	3,5	2,1
Japon	0,5	0,7
Allemagne	3,0	2,1
Italie	2,2	3,3
Royaume Uni	3,8	2,4
G5 (G6 hors France)	3,0	2,4

Le contexte national

En France aussi, la forte reprise de 1994 a marqué le pas en 1995

Le repli de l'activité est très prononcé en glissement annuel (aux prix de 1980, + 0,3 % en 1995 après + 4,1 % en 1994), même s'il est plus atténué en moyenne annuelle (+ 2,2 % en 1995 après + 2,8 % en 1994). Le rythme de croissance du PIB a commencé à diminuer dès le premier trimestre 1995, est devenu franchement faible en milieu d'année et négatif au quatrième trimestre.

Les principales composantes de la demande finale ont contribué au repli

La demande étrangère en biens manufacturés adressée à la France, a crû en moyenne de 8 % en 1995, contre 10 % en 1994. Si les échanges avec la zone hors OCDE sont restés très dynamiques, la demande des pays de l'OCDE a très nettement fléchi (en glissement annuel, moins de 6 % fin 1995, contre 14 % fin 1994). Globalement, les exportations ont peu augmenté en 1995 (+ 0,3 % en glissement annuel) alors qu'elles avaient fortement progressé en 1994. En l'absence de la demande escomptée, l'économie française a connu en 1995 le mouvement inverse de 1994, le déstockage contribuant ainsi de façon négative à l'évolution du PIB. Les variations des stocks observées s'expliquent également par la baisse des prix des matières premières et des biens intermédiaires, ce qui a permis aux entreprises de passer à un mode de production à flux tendus, donc de se désendetter. A l'exception du second trimestre, dopé par les achats d'automobiles, la consommation des ménages est restée atone. Le prêt à taux zéro, mis en place en octobre 1995, a contribué en fin d'année à la hausse des ventes de logements neufs. Celle-ci est restée pourtant modérée : l'investissement en logements des ménages est demeuré inférieur à son volume de 1990. Le rythme de croissance de l'investissement des entreprises s'est stabilisé en 1995, probablement à cause de la morosité de l'activité. Celles-ci n'avaient pourtant pas complètement profité de la reprise de 1994 et de leur situation financière plutôt saine. Au 4ème trimestre, le PIB a reculé de 0,4 %, bien que le nombre de jours ouvrables ait été plus favorable. L'impact des mouvements sociaux a surtout été observé dans les services aux ménages.

L'activité par secteurs

L'activité industrielle française a progressivement ralenti dès le début de l'année 1995 après une année 1994 particulièrement intense (- 1 % en fin d'année, contre + 10 % en 1994). Le secteur des biens intermédiaires (+ 2,5 % en volume en 1995 contre + 6,5 % en 1994) a souffert de la contraction des échanges interindustriels et de la chute des exportations au second semestre. La vitalité du marché des véhicules utilitaires a limité le tassement de l'activité de l'industrie automobile : + 4,4 % en volume, comparés aux + 10 % enregistrés en 1994. Les biens d'équipement ont bénéficié d'un investissement relativement vigoureux et d'une demande étrangère toujours dynamique. Le secteur des biens de consommation, après trois trimestres d'activité soutenue, s'est stabilisé en fin d'année, sous l'effet du repli de la demande des ménages.
L'activité a faiblement progressé dans les services aux entreprises, mais s'est nettement détériorée dans les services aux particuliers, notamment dans l'hôtellerie et la restauration. La production du commerce, après avoir connu un accroissement modéré au premier semestre, a subi la nette dégradation de l'activité industrielle et le recul de la consommation des ménages en fin d'année. Le bâtiment a bénéficié au cours des trois premiers trimestres de la poursuite de la croissance de 1994, pour finir, malgré la bonne tenue de la construction de bâtiments industriels et agricoles, sur un rythme plus lent. Le repli a été plus net dès l'été dans les travaux publics.

L'excédent du commerce extérieur s'est renforcé

En 1995, l'excédent commercial de la France représentait 2,4 % du PIB, en progrès par rapport à 1994 (2,2 % du PIB). En dehors du tourisme, l'amélioration a porté sur tous les secteurs. Le solde agro-alimentaire a rebondi tandis que la facture énergétique continuait de s'alléger (- 6 milliards de Francs par rapport à 1994). Le rythme des exportations et celui des importations ont ralenti, surtout au second semestre, malgré un partage du marché intérieur plutôt favorable aux produits étrangers en fin d'année.

Les prix ont faiblement augmenté

La légère accélération des prix à la production de 1994 s'est poursuivie en 1995, sous l'effet de l'accroissement du coût salarial unitaire et du coût des consommations intermédiaires, malgré la diminution des frais financiers. L'augmentation des prix à la consommation est restée modérée : + 2,1 % en glissement annuel et + 1,7 % en moyenne annuelle, contre respectivement + 1,6 % et + 1,7 % en 1994. L'accélération résulte essentiellement du relèvement de la TVA en août, même si celui-ci n'a pas été répercuté immédiatement dans les prix de vente, du fait de la faiblesse de la demande. Mais l'inflation « sous-jacente », c'est à dire hors alimentation, tabac, énergie et mesures fiscales, reste contenue : en glissement, elle s'établit même à + 1,1 % en 1995 contre + 1,5 % en 1994.

L'emploi a progressé sur l'ensemble de l'année mais s'est dégradé au second semestre

Dans l'ensemble, les créations nettes d'emploi apparaissaient en léger recul par rapport à l'année précédente : + 155 000 emplois en un an, contre + 210 000 en 1994. Ceci s'explique surtout par la décélération des créations nettes d'emplois aidés dans le secteur non marchand (CES). En revanche, la croissance de l'emploi a été, comme en 1994, particulièrement marquée pour les effectifs salariés (+ 195 000). Dans les secteurs marchands non agricoles, l'érosion de fin d'année a été moins vive que ce que laissait présager le fléchissement de la production.

Le mouvement de compression du chômage, entamé en 1994, a été stoppé dès l'été. Le retournement de tendance a été plus prononcé pour les moins de 25 ans. Mais, si 7,7 % seulement des jeunes de 15 à 25 ans étaient au chômage en mars 1995, ils représentaient tout de même 24 % des jeunes actifs. L'orientation à la baisse du chômage de longue durée s'est maintenue jusqu'en fin d'année 1995. En revanche, on a assisté à une recrudescence du recours au chômage partiel à partir de l'été. Au total, le nombre de chômeurs au sens du BIT aurait diminué de 51 000 sur l'année.

Les ménages ont moins consommé et plus épargné

En 1995, le pouvoir d'achat des ménages a augmenté sensiblement, en dépit d'un accroissement modéré des salaires par tête (+ 2,7 % en moyenne) et d'une progression soutenue des prélèvements. Le revenu de l'ensemble des ménages (en Francs constants) a crû de + 2,6 % en moyenne annuelle, contre + 1,4 % par an entre 1991 et 1994. L'emploi a en effet mieux évolué en 1995 que dans la période précédente, les revenus des entreprises individuelles et de la propriété ont été plutôt élevés après la reprise de 1994, et l'inflation est demeurée faible. En fin de compte, la croissance des revenus ayant été plus forte que celle de la consommation, le taux d'épargne a atteint un niveau record.

Variations trimestrielles en % du PIB et de ses principales composantes en 1995
Calcul en francs constants, au prix de 1980

Source : INSEE, comptes nationaux trimestriels

Unité : %

	1er T.	2ème T.	3ème T.	4ème T.	Glissement annuel
PIB	0,7	0,1	0,1	- 0,4	0,3
Consommation des ménages	- 0,1	1,4	0,0	- 0,2	1,1
Investissement des entreprises (non financières)	2,9	- 3,0	0,5	- 0,7	- 0,4
Investissement en logement des ménages	2,3	- 1,9	1,6	1,0	3,0
Contribution des variations de stocks	0,0	- 0,3	0,5	- 0,9	- 0,7
Exportations	2,7	0,0	- 1,4	- 1,0	0,3
Importations	1,7	0,1	1,0	- 2,8	- 0,1

Les entreprises ont moins investi mais assaini leur situation financière

En 1995, l'investissement des entreprises a progressé de + 5,6 % en moyenne annuelle, contre 5,8 % en 1994 et -10,3 % en 1993. Cependant, avec 16,2 % de la valeur ajoutée, le taux d'investissement est demeuré nettement inférieur aux niveaux atteints en 1989-1990, tandis que le taux d'utilisation des capacités de production était plus bas que sa moyenne de longue période. Le taux d'épargne s'établissait à 18,1 %, le taux de marge à 30 % et le taux d'autofinancement au-dessus des 100 % : proches de leur maximum historique, ils confirment le redressement de la situation financière des entreprises. Néanmoins, les taux d'intérêt réels demeurant élevés en moyenne, certaines entreprises ont continué à réduire le poids de leur endettement à moyen et long terme.

Les finances publiques se sont redressées

Amorcé en 1994, le redressement des finances publiques s'est poursuivi en 1995 : le besoin de financement des administrations publiques a diminué de 37,4 milliards de Francs et atteint 403,8 milliards de Francs contre 441,2 milliards de Francs en 1994. Selon la définition des critères de Maastricht, le déficit public s'établissait à 5 % du PIB en 1995 contre 5,8 % en 1994.
Recettes et dépenses de l'Etat ont sensiblement régressé, confirmant la réduction du déficit budgétaire de l'Etat. Les comptes sociaux restent largement déséquilibrés : le besoin de financement des administrations de Sécurité Sociale atteignait 73,5 milliards de Francs en 1995 contre 70,1 milliards de Francs en 1994. En revanche, la situation des collectivités locales s'est légèrement améliorée: leur besoin de financement s'élevait à 12,5 milliards de Francs, contre 15,2 milliards de Francs les années précédentes.

L'endettement extérieur s'est réduit

La tendance à la réduction graduelle des taux directeurs de la Banque de France a été provisoirement interrompue au premier trimestre puis en octobre, en raison d'une résurgence momentanée des tensions sur le marché des changes. Elle a repris au dernier trimestre de 1995. De leur côté, les taux d'intérêt à long terme ont baissé de manière quasi-continue. L'endettement total des ménages et celui des entreprises ont très peu augmenté.
La capacité de financement de la Nation a fortement progressé, ce qui a permis à l'économie française de se désendetter vis à vis de l'extérieur.

■ La situation régionale

■ AGRICULTURE

Redressement du marché porcin et dégradation des cours de la viande bovine

En 1995, dans tous les département bretons, le revenu brut d'exploitation moyen a nettement augmenté pour la deuxième année consécutive. Les faits marquants de l'année résident dans l'essor des livraisons, en particulier végétales et porcines, ainsi que dans la poursuite de l'application de la réforme de la PAC. La Bretagne demeure toujours la première région de l'hexagone pour la production agricole finale, mais elle a été distancée en 1995 par les régions viticoles et céréalières pour les gains par exploitation.
Le revenu des agriculteurs bretons, mesuré à travers le revenu brut moyen par exploitation (RBE), a crû de 14,6 % en 1995 (10,3 % en France). Ce résultat tient compte d'une baisse de 4,6 % du nombre des exploitations. Il s'est établi à 173 000 Francs, au-dessus de la moyenne française (167 300 Francs), ce qui place la Bretagne au dixième rang des régions françaises en 1995.
La croissance du revenu global régional est imputable essentiellement au développement du volume des livraisons végétales, au redressement du marché porcin ainsi qu'au gonflement des subventions versées aux exploitants. Les quantités de céréales produites ont progressé en raison de la diminution du taux de gel et de meilleurs rendements. Avec 1 747 000 tonnes, la production de blé a augmenté de 5,4 %. La récolte de maïs grain s'est également améliorée. Malgré la chute de 7,4 % du prix d'intervention des céréales, la forte demande mondiale a permis aux organismes collecteurs de pratiquer une légère élévation des rétributions versées

aux exploitants. En Bretagne comme en France, le volume des abattages de porcs a encore légèrement progressé en 1995. La bonne tenue des exportations a permis le rétablissement des cours au premier semestre et, en dépit d'un marché plus hésitant en fin d'année, le prix moyen du porc a gagné près de 7 % en moyenne annuelle par rapport à 1994. Ceci s'est traduit par une meilleure rentabilité pour les éleveurs, compte tenu de la baisse du coût de l'aliment (- 6 % environ).

Pour la production laitière bretonne, l'année 1995 s'est distinguée des précédentes par un léger dépassement des quotas dû à des conditions météorologiques favorables. Grâce à une croissance du taux protéique, le prix moyen du lait a progressé de 0,5 %.

Pour la troisième année d'application de la PAC, l'augmentation des subventions a été importante (+ 17%), du fait de la revalorisation des aides compensatoires céréalières et des aides bovines (prime à la vache allaitante et prime bovins mâles). Près de 2,6 milliards de Francs ont ainsi été distribués dans la région. En trois ans, ce montant a quasiment triplé. L'exploitant breton a perçu en moyenne en 1995 près de 40 000 F d'aide directe, c'est toutefois nettement moins que la valeur nationale qui s'élevait à 66 000 F.

L'année 1995 a été plus difficile pour les légumes frais, la viande bovine et les oeufs. La contraction des tonnages de choux-fleurs commercialisés a engendré une chute sensible du volume des légumes frais. La reprise de la production de viande bovine, dans un contexte

Prix du lait en Bretagne
Série mensuelle brute et CVS
Source : SCEES - INSEE *Unité : centime par litre*

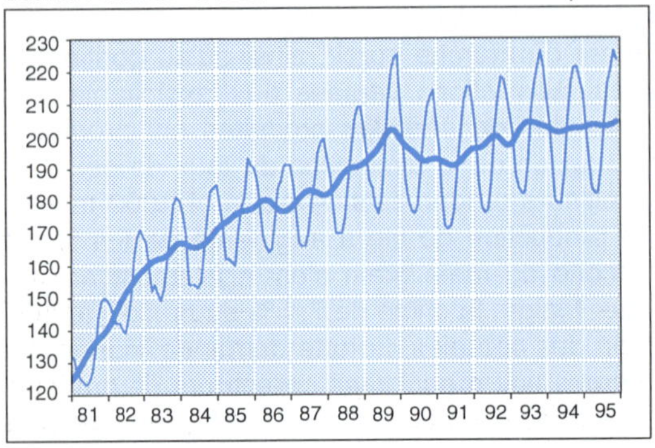

Cours de la vache - O - en Bretagne
Série mensuelle brute et CVS
Source : SCEES - INSEE *Unité : franc/kg*

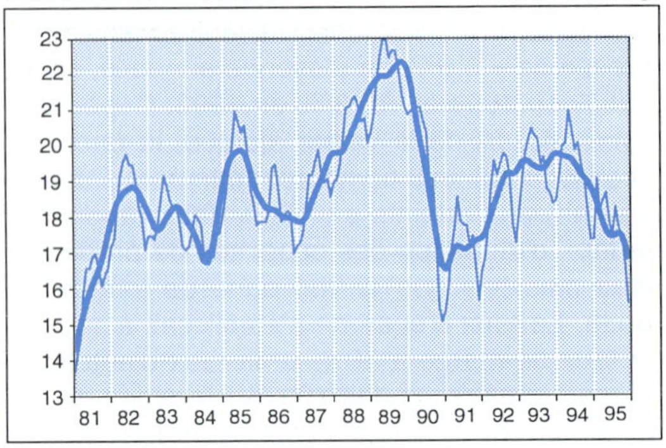

de forte concurrence intra-communautaire et de dévaluation de la lire et de la peseta, ainsi que la diminution des restitutions (subventions à l'exportation), ont pesé sur le marché de la viande bovine. Les prix des gros bovins, déjà orientés à la baisse en 1994, ont continué de s'éroder. Ainsi, le cours de la vache de réforme, production importante dans notre région puisqu'elle résulte de l'élevage laitier, est passé de 20 F/kg à la mi-1994 à 15,50 F/kg en décembre 1995 (en 1996, l'inquiétude des consommateurs liée aux problèmes sanitaires n'aura fait qu'aggraver une situation déjà précaire). Les élevages avicoles ont subi une nouvelle dégradation des cours des oeufs et des volailles, compensée en partie par une amélioration de la productivité. La crise qui avait frappé le marché de l'oeuf en 1994 a perduré jusqu'à la mi-1995. Les cours se sont ensuite progressivement rétablis et ont terminé l'année à un niveau plus proche de la normale.

La hausse de 2,5 % de l'ensemble des livraisons agricoles a absorbé la légère poussée des consommations intermédiaires (+ 0,9 %) et conduit à une amélioration de la valeur ajoutée des exploitations agricoles : avec 12,6 milliards de Francs, celle-ci a progressé de 6 %. Mais elle ne représentait que 33 % de la production finale au lieu de 50 % pour la moyenne nationale. La diminution de la charge des emprunts s'est poursuivie (- 6,2 %), grâce à la réduction générale des taux d'intérêt ainsi qu'au phénomène plus global de désendettement de l'agriculture, concourant ainsi à l'amélioration du revenu agricole.

Au chapître de l'investissement, les indicateurs disponibles ont montré une nette reprise des achats de matériel agricole. Ainsi, plus de 3 000 tracteurs neufs ont été immatriculés en Bretagne contre 2 700 et 2 200 les deux années précédentes. En revanche, les permis de construire délivrés au cours de l'année ont totalisé une surface en retrait de 9 % par rapport à 1994.

■ PÊCHE

Contre vents et marées...

La flotte de pêche maritime française s'est réduite de 500 bateaux au cours de l'année 1995. La flotte bretonne comptait au 31 décembre 1995, 60 bateaux de moins que l'année précédente et totalisait 1 944 navires actifs, soit près de 30 % de la flotte de pêche française. Toutes les catégories de navires ont été touchées par la restriction de la flotte.

La raréfaction de la ressource, la mondialisation des marchés, les contingences monétaires d'une part, la nécessité de respecter les objectifs communautaires en terme de réduction de la flotte d'autre part, ont eu des conséquences importantes sur les entreprises de pêche bretonnes. Dans ce contexte difficile, le nombre de marins a diminué de près de 5 % par rapport à l'année précédente et, en dépit des efforts fournis par les professionnels pour augmenter le nombre de sorties et la "durée des marées", le volume des affaires du secteur n'est pas parvenu à se maintenir.

Débarquements de poissons en Bretagne

Source : Direction Régionale des Affaires Maritimes

Unité : millier de tonne

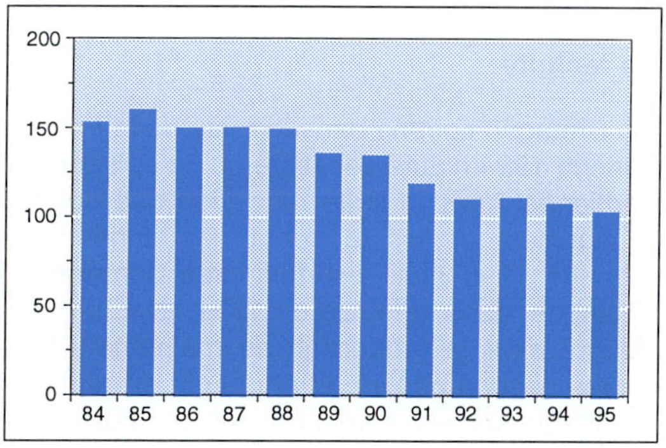

Les débarquements de poissons frais, 43 % de la production nationale, sont en retrait de 4 % en tonnage par rapport à 1994 et le prix de ces poissons est resté au niveau de l'année précédente. Le chiffre d'affaires tiré de cette production a donc continué de s'éroder en 1995, inférieur de 30 % au chiffre réalisé en 1990, la meilleure des dix dernières années.

Les débarquements de thon tropical congelé ont également diminué d'environ 10 % en volume, par rapport à 1994, le chiffre d'affaires reculant plus encore (- 20 %). Mais la pratique de la pêche thonière, qui s'apparente plus à une chasse (recherche des bancs de thons), entraîne des variations inter-annuelles qui peuvent être importantes. La notion de travail en base avancée, qui est une pratique ancienne des armements de thoniers senneurs océaniques, est propre à cette production : le débarquement , la vente, le traitement du thon tropical se font dans des usines françaises ou délocalisées, tandis que les armements restent localisés en Bretagne et que leurs intérêts sont gérés par des organismes eux-mêmes situés en Bretagne.

Le constat est un peu moins sévère pour les crustacés. Le volume des captures a légèrement dépassé le niveau de 1994, ce qui a permis de compenser en partie la perte induite par la baisse des cours en criée (- 3,7 %). Au total, le chiffre d'affaires dégagé de la pêche de crustacés enregistre un léger repli par rapport à 1994, mais accuse une chute de plus de 10 % par rapport au début des années 90.

Du côté des mollusques, les chiffres, encore provisoires, font état d'une baisse importante des quantités et valeurs débarquées au cours de l'année 1995.

■ INDUSTRIE

Dynamisme moindre

Comme au niveau national, la production industrielle bretonne a enregistré un retournement de tendance au cours de l'année 1995. Les soldes d'opinions tirés des enquêtes de conjoncture ont fait apparaître une poursuite de la croissance industrielle régionale mais à un rythme moins soutenu qu'en 1994. L'activité a toutefois

L'opinion des industriels bretons

Source : INSEE *Unité : solde d'opinions en %*

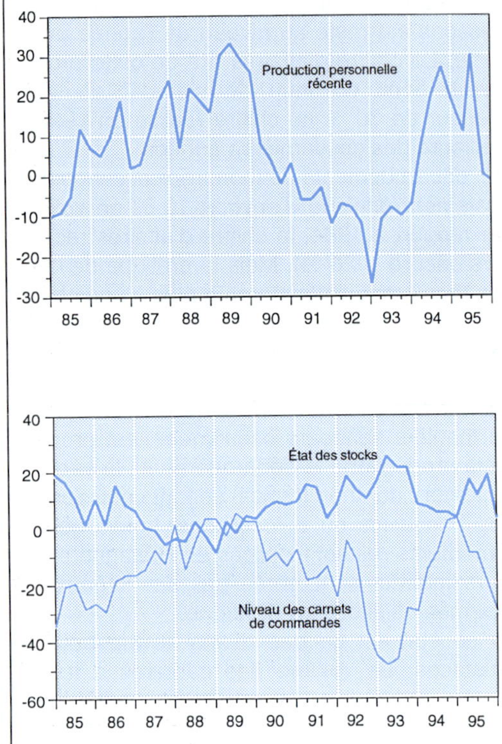

permis la création de près de 2 000 emplois industriels en Bretagne, contre 2 400 l'année précédente. Ces créations portent surtout sur les branches de la métallurgie, la mécanique, la fabrication d'équipements ou de composants électriques et électroniques, l'agro-alimentaire et l'imprimerie-édition. A l'inverse, les industries de l'habillement-cuir et de l'automobile ont continué de perdre des emplois.

L'activité s'est révélée irrégulière au cours de l'année : quelques hésitations en début d'année, une accélération au second trimestre, puis, un affaiblissement durant l'été et une stagnation en fin d'année. Le mouvement de repli observé au second semestre a touché tous les secteurs à l'exception de l'agro-alimentaire. Mais le fléchissement des biens d'équipement professionnel a été de courte durée car l'activité s'est nettement redressée en fin d'année.

Répondant à une demande en expansion, les industries agro-alimentaires bretonnes ont amélioré leurs performances en 1995. C'est l'industrie de la viande qui a réalisé la plus forte croissance. La situation de l'industrie laitière a été meilleure que les deux années précédentes. La production des industries de l'aliment du bétail et celle des conserveries, brillantes en 1994, se sont un peu altérées en 1995 mais ont gardé cependant un bon niveau.

Bien orientée en début d'année, la production dans l'automobile et les biens intermédiaires a chuté brutalement à partir de la mi-1995. Les difficultés rencontrées dans l'automobile et la construction de logements ont fortement pesé sur l'activité du caouchouc-plastique et des matériaux de construction au second semestre. Le papier-carton qui souffre de la contraction générale de l'activité accuse aussi un net fléchissement du rythme de croissance en cours d'année.

Le ralentissement a été plus progressif dans les biens de consommation courante. Ce sont surtout le bois-ameublement et, à un degré moindre, l'imprimerie-presse qui ont souffert du tassement de l'activité en 1995. A l'inverse le textile-habillement et l'industrie du cuir et de la chaussure ont obtenu de bons résultats.

L'activité dans les biens d'équipement professionnel a évolué en dents de scie alternant, tout au long de l'année, phases de contraction puis d'accélération. L'évolution de l'électronique-téléphonie notamment est à l'image de ce schéma d'ensemble. La construction navale a maintenu le niveau d'activité de l'année précédente tandis que l'industrie mécanique poursuivait le redressement entamé en 1994.

■ BÂTIMENT

La rechute

En Bretagne comme dans le reste de la France, l'année 1994 n'aura constitué qu'un épisode exceptionnel dans la lente récession que connaît le bâtiment depuis le début des années 80. L'année 1995 avait pourtant bien démarré en Bretagne, dans la foulée de 1994, avec un gros oeuvre dont la production se maintenait, bien que le second oeuvre ait été plutôt en repli. Au cours du second semestre, les tendances se

Mises en chantier de logements neufs en Bretagne

Source : DRE Siclone *Unité : millier*

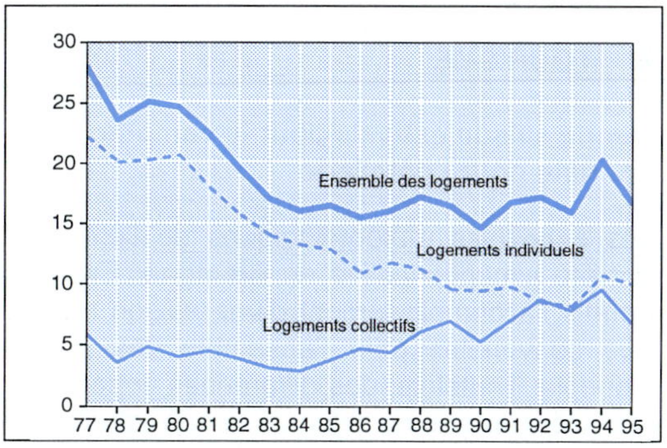

sont inversées. La chute de l'activité a surtout été ressentie dans la construction neuve. L'amélioration-entretien, qui représente près de la moitié du chiffre d'affaires, a connu une légère croissance dans le secteur libre mais n'a pu éviter la baisse dans le secteur aidé par l'Etat. La stagnation globale de ce secteur associée à la récession de la construction a conduit à une baisse sensible de l'activité du bâtiment. Cette évolution est à mettre en parallèle avec la diminution des investissements des collectivités locales : les dépenses d'équipement brut ont baissé de près de 8 % par rapport à 1994. En Bretagne, le logement neuf collectif a fortement chuté en 1995 (- 30 % de mises en chantier par rapport à 1994), tandis que le logement neuf individuel a limité la baisse (- 6,5 %). Au final, la construction de logements neufs a diminué de 17 %. La persistance de stocks dans le logement locatif et la diminution des aides de l'Etat sont à l'origine du marasme dans les programmes immobiliers collectifs, qu'ils soient privés ou sociaux. Le prêt à taux zéro n'étant entré en vigueur qu'au mois d'octobre, la construction de logements individuels n'a pas non plus confirmé l'embellie de 1994. Pourtant, cette chute des mises en chantiers s'est accompagnée d'une baisse des coûts de construction sans précédent.

Le niveau estimé de l'emploi dans la construction n'a pourtant pas été affecté (+ 500 emplois en 1995), alors qu'il était en baisse constante entre 1989 et 1993. La hausse est cependant nettement inférieure à celle de 1994 (+ 1 200 emplois).

■ COMMERCE - CONSOMMATION

La morosité a conduit les ménages à privilégier l'épargne

En 1995, à l'échelon national, la consommation des ménages s'élevait à 4 600 milliards de Francs : avec 1,8 % de hausse en volume, elle a été légèrement plus soutenue que l'année précédente (+ 1,4 %). La consommation alimentaire (+ 1,5 %) a repris, les dépenses de santé (+ 2,4 %) et de logement (+ 3,3 %) ont quant à elles, connu un vif regain : pour l'anecdote, boissons alcoolisées et médicaments se sont démarqués avec respectivement + 6,9 % et + 6,1 %. La stabilité globale des biens durables a masqué des évolutions contrastées : prime "à la casse" jusqu'en juillet puis prime "qualité" à compter d'octobre ont limité le recul des immatriculations neuves totales à 2 % ; les baisses de prix dans l'électronique de loisirs ont engendré une hausse du volume des ventes de 3,4 % ; l'électroménager s'est contenté comme en 1994 d'une progression de 2 %, l'engouement pour la téléphonie ne s'est pas démenti (+ 5 % pour les télécommunications) et les microordinateurs ont vu le volume de leurs ventes exploser avec + 30 %. Le climat a été morose dans les transports affectés par les grèves de la fin de l'année (- 3,7 %). Enfin l'habillement et la chaussure ont connu des baisses de même ordre (- 2,5 % et - 2 %). Analysée trimestriellement, l'évolution de la consommation, à la hausse au premier semestre, a connu un coup d'arrêt au troisième trimestre et une franche baisse au quatrième trimestre. A partir de l'automne les incertitudes quant à l'évolution future des revenus ont pesé sur les achats des ménages : comportement de précaution en faveur de l'épargne confirmé par la variation du taux d'épargne (13,6 % en 1994, 14,3 % en 1995) et celle de l'épargne brute (- 1 % en 1994, + 9,9 % en 1995).

En Bretagne, le léger redressement de l'activité observé depuis la mi-1994 dans le commerce de détail alimentaire s'est également interrompu au troisième trimestre 1995. La baisse a concerné tous les types de surfaces et conduit à un alourdissement des stocks dans les hypermarchés.

Immatriculations de voitures neuves en Bretagne (paticulières et commerciales)
Série mensuelle brute et CVS
Source : INSEE - OEST *Unité : millier*

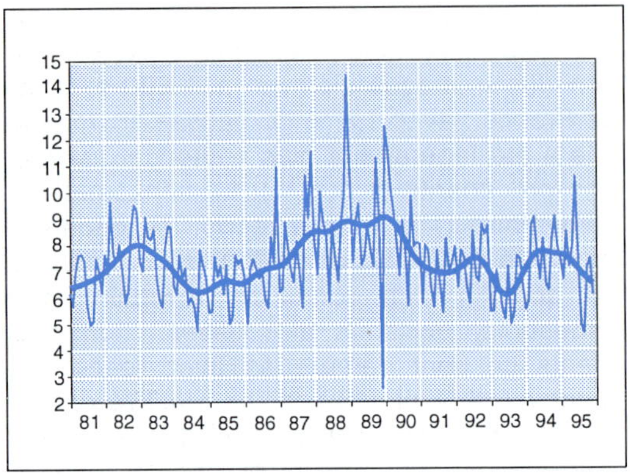

Dans le commerce spécialisé non-alimentaire, tous les secteurs ont connu des difficultés, mais comme à l'échelon national, la mévente de l'habillement-chaussure a été d'une plus grande ampleur.

Après une année 1994 de rattrapage, "balladurettes" obligent, les ventes de voitures neuves toutes motorisations confondues ont connu une baisse (- 4 %) plus marquée qu'au niveau national. Les ventes de diesels semblent encore davantage affectées (- 7,3 %). Les immatriculations de véhicules d'occasion ont poursuivi en 1995 (- 3,2 %) la baisse amorcée en 1994 (- 1,1 %). Seules les occasions diesels ont tiré leur épingle du jeu (+ 4,9 %).

Dans les banques, on signale une forte croissance des crédits à l'habitat accordés aux ménages, (+ 3,5 %), évolution inverse de la tendance France entière (- 1,2 %). Dans le même temps, les encours de dépôts des Bretons (156 milliards de Francs fin 1995, + 14,1 % sur un an) ont progressé à nouveau en 1995, en relation avec un nouvel acccroissement de l'épargne de précaution. Dépôts à vue comme dépôts rémunérés (livrets, épargne-logement, PEP, comptes à terme) ont connu des évolutions positives similaires (+ 13,5 % et + 14,2 % respectivement).

Ainsi les ménages bretons ont semblé adopter un comportement assez proche de celui du ménage français, plus incité à accroître son effort d'épargne qu'à consommer.

■ TOURISME

Bonne saison estivale pour le camping, honnête pour l'hôtellerie

Les conditions météorologiques de l'été 1995 ont été exceptionnelles en Bretagne. Elles ont permis l'accomplissement d'une saison touristique convenable pour l'ensemble des professionnels. Toutefois, des différences importantes ont été observées selon le mode d'hébergement, la catégorie, ou la situation géographique. Ainsi, la saison estivale 1995 est jugée meilleure pour le camping que pour l'hôtellerie. Le camping a bénéficié d'une amélioration de sa fréquentation : 9,9 millions de nuitées, soit 6 % de hausse par rapport à 1994, au profit essentiellement des terrains classés 2 et 4 étoiles. En un an, la clientèle française a augmenté sa fréquentation de 7 points, celle originaire de l'étranger de 2 points, et ce, malgré une légère diminution de la capacité d'accueil, à la fois en places et en terrains (respectivement - 4 % et - 3 %). L'hôtellerie homologuée a enregistré une fréquentation stable par rapport à 1994. Cette stabilité voile une tendance à la hausse de la fréquentation française, de 3 % par rapport à 1994, et une désaffection des étrangers de 6 %. En un an, la part de la clientèle britannique parmi la clientèle étrangère, a chuté légèrement de 32 % à 28 %.

Part de la clientèle étrangère en Bretagne
Source : INSEE - Direction du Tourisme *Unité : %*

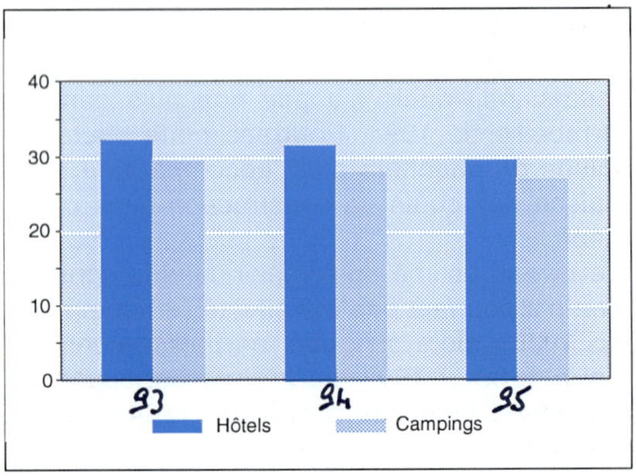

Naissances domiciliées en Bretagne

Source : INSEE

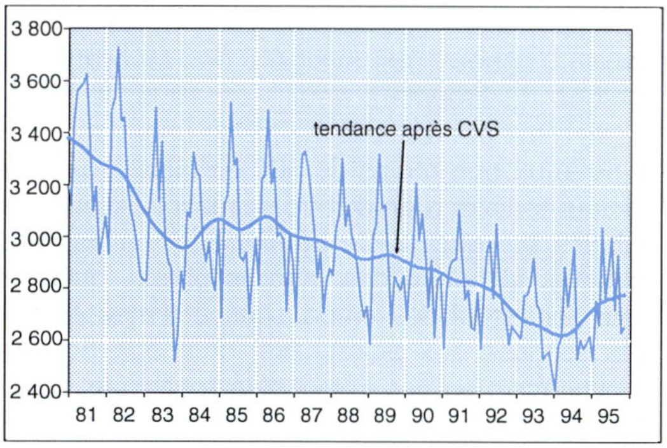

■ DÉMOGRAPHIE

Naissances et décès augmentent sensiblement

La population bretonne est estimée à 2 855 000 habitants au 1er janvier 1996, elle s'est accrue de 0,34 % en 1995 comme en 1994. La tendance démographique apparaît stable au regard de ce taux, mais l'année 1995 a surtout été marquée par un vif regain de la natalité et de la mortalité : deux phénomènes indépendants, mais dont l'étonnante simultanéité a également été observée au niveau national.

La reprise des naissances amorcée en 1994 s'est poursuivie en 1995. Avec un total de 33 000 naissances, la Bretagne a retrouvé son niveau de natalité de 1992. On ne saurait toutefois parler de baby-boom. L'indicateur conjoncturel de fécondité est simplement passé du niveau moyen de 1,6 enfants par femme en 1994, à 1,7 en 1995, équivalent du niveau national. Cette reprise a touché toutes les régions françaises, particulièrement celles situées à l'Ouest. Elle est essentiellement due à un effet de "rattrapage" des naissances retardées les deux années précédentes. C'est effectivement la fécondité des femmes de plus de 30 ans qui augmente en 1994. Les mesures d'aide à la famille, accordant notamment le droit au congé parental dès le deuxième enfant, ont pu avoir une influence. Les naissances de deuxième rang ont en effet progressé en 1994, contrairement aux autres naissances légitimes. Les naissances d'enfants naturels ont crû de 1,9 % en 1994, marquant un net fléchissement par rapport aux années antérieures. Ces inflexions ne permettent toutefois pas d'annoncer un retournement de tendance.

Moins régulière et un peu moins générale, l'augmentation des décès a concerné 20 régions sur 22 en 1995, particulièrement les régions du Nord-Ouest du pays. Près de 30 000 décès ont été comptabilisés en Bretagne en 1995, soit 4,6 % de plus qu'en 1994. La répartition mensuelle donne une première explication de cette hausse. L'année 1994 avait été relativement clémente, notamment le mois de décembre, mois au cours duquel, habituellement, on observe le nombre de décès le plus élevé. Un tiers des décès supplémentaires de l'année 1995 sont intervenus au mois de décembre. La mortalité a également été supérieure à la normale durant les mois de mai à septembre.

La mortalité infantile a continué de diminuer : le taux de 1995 est proche de 4 décès d'enfants de moins d'un an pour 1000 naissances d'enfants déclarés vivants. Les progrès ont surtout été sensibles au-delà du premier mois, tandis que le nombre d'enfants morts-nés est demeuré constant.

Toutes tranches d'âge confondues, la répartition des décès par cause principale s'est stabilisée, proche de la répartition nationale. Globalement, un tiers des décès faisait suite à une maladie de l'appareil circulatoire, et 28 % à un cancer. Cependant cette répartition diffère fortement selon le sexe, les hommes mourant surtout d'un cancer alors que les maladies cardio-vasculaires sont responsables de près de 40 % des décès féminins. Les accidents mortels de la circulation, environ 400 par an, sont en diminution. La sur-représentation des suicides (900 par an) continue de marquer la Bretagne : 3,2 % des décès contre 2,2 % en France.

La hausse simultanée des naissances et des décès, qui s'observe pareillement dans toute la France, a conduit à un solde naturel stable : + 3 500 personnes, ou 0,12 % de la population bretonne. La France a bénéficié encore d'une progression naturelle de 0,34 % : la différence vient d'une structure par âge plus favorable. De même, les quatre départements bretons, aux pyramides inégales, n'ont pas connu le même mouvement naturel. Les disparités spatiales ont même eu tendance à s'accentuer. En 1995, deux départements enregistraient à nouveau plus de décès que de naissances : les Côtes

Variation de l'emploi total entre 1994 et 1995 en Bretagne

Source : INSEE *Unité : millier*

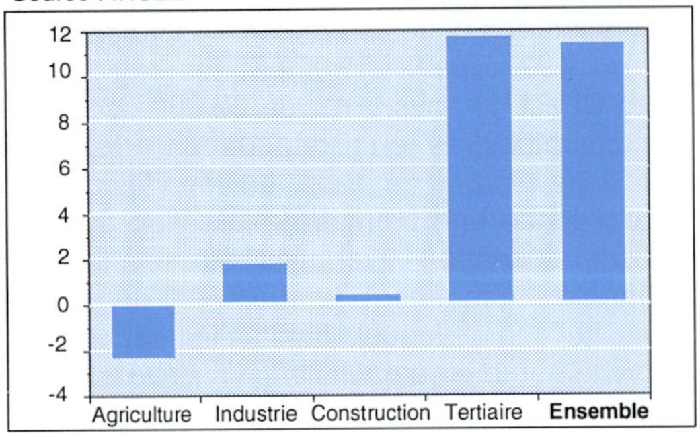

d'Armor et le Finistère, tandis que les soldes naturels observés en Ille et Vilaine et Morbihan s'amélioraient.

L'excédent des naissances sur les décès n'entraîne plus qu'une croissance annuelle de 0,1 % de la population. Le maintien d'une croissance démographique en Bretagne dépend désormais essentiellement de sa capacité à attirer de nouveaux habitants. Elle bénéficiait encore en 1995 d'un apport migratoire notable, grâce notamment à sa position littorale et aux atouts naturels qui en découlent. Mais cette attractivité s'accompagne d'une caractéristique majeure : elle augmente le vieillissement de la population. Celui-ci est encore modéré par rapport à la moyenne nationale, intermédiaire entre les régions les plus jeunes (Nord, Ile de France, Picardie) et les plus âgées (Massif Central et Sud-Ouest).

Les services municipaux de l'état civil ont enregistré 11 100 mariages en 1995, soit à peu près autant que l'année précédente. Depuis une dizaine d'années, en France comme en Bretagne, la nuptialité stagne ou diminue lentement.

■ EMPLOI ET CHÔMAGE

L'emploi salarié breton a poursuivi sa progression

En 1995, l'économie bretonne a créé 16 500 emplois salariés. La reprise constatée en 1994 s'est confirmée. Tous les secteurs ont contribué à cette amélioration. Les effectifs industriels, quoique toujours en hausse, ont connu une progression inférieure à celle de 1994 : + 2 000 emplois en 1995 contre + 2 400 l'année précédente. L'industrie automobile a enregistré de nouvelles pertes, moins importantes que l'année précédente. L'année 1994 avait été très favorable au marché du logement neuf ; en 1995, la construction est parvenue à maintenir un solde positif avec un peu moins de 500 emplois créés. Le secteur tertiaire a produit trois créations d'emplois salariés sur quatre. Ce bon résultat ne doit pas masquer la nature des emplois offerts, qui sont pour l'essentiel des embauches à temps partiel. Les services aux entreprises, dont bon nombre sont directement liés à l'industrie (logistique, activités de nettoyage, cabinet de conseil en informatique..) ont vu leurs performances s'élever de façon significative.

Géographiquement, la palme des créations d'emplois revient à l'Ille-et-Vilaine et au Finistère. Ces deux départements se sont partagé la quasi totalité des embauches dans l'industrie, et les trois quarts dans le tertiaire. Les Côtes d'Armor ont tout juste réussi à maintenir leurs effectifs industriels. La baisse conjuguée de l'emploi dans les IAA et dans la construction navale a entraîné une réduction de l'emploi de l'industrie morbihannaise (- 0,7 %).

L'emploi non salarié a encore diminué

Le nombre de non salariés continue de s'amenuiser, mais à un rythme légèrement inférieur à celui des années précédentes (- 2,8 % contre - 3 % en 1994). C'est encore une fois le secteur de l'agriculture et de la pêche qui en a fait les frais : sur les 5 000 emplois non salariés perdus en 1995, 4 000 concernaient ce secteur.

Le chômage s'est stabilisé

La progression du chômage s'est ralentie. Fin 1995, le taux de chômage s'élevait à 10,6 % soit un point de moins que la moyenne nationale. Sur un an, le nombre de demandeurs d'emplois a diminué de 2,8 % en données corrigées des variations saisonnières. Le fléchissement du chômage de longue durée s'est confirmé, avec une baisse de 2 % en 1995. La mise en place de mesures spécifiques au titre de la politique de l'emploi a probablement favorisé ce résultat : 6 500 Contrats Initiative Emploi et Contrats Emploi Consolidés ont été signés dans la région en 1995.

Région
Environnement
Population

RÉGION POPULATION

LA BRETAGNE EN BREF

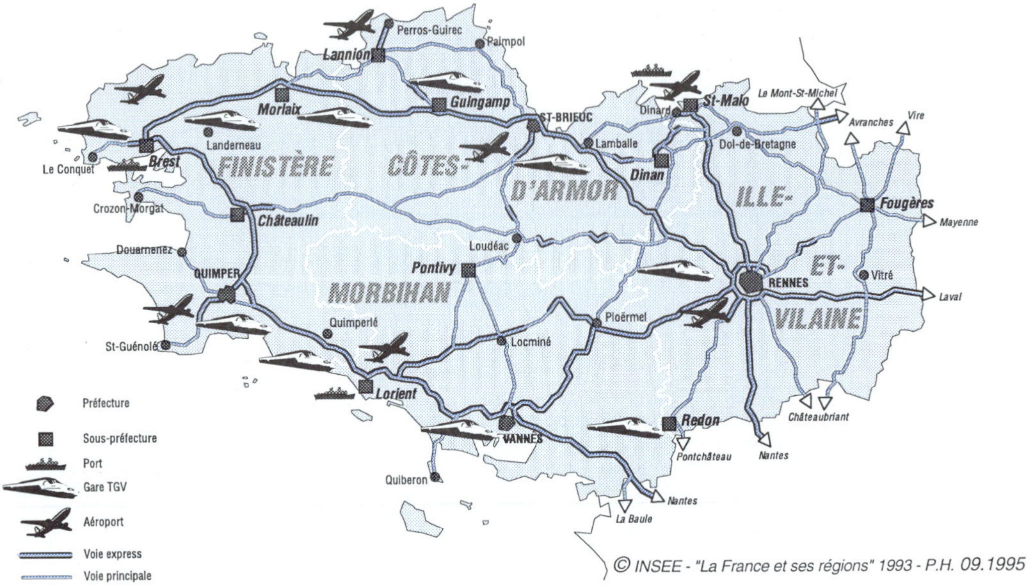

© INSEE - "La France et ses régions" 1993 - P.H. 09.1995

Composition

Départements	Arrondissements	Zones d'emploi	Cantons	Communes
4	15	18	201	1 268

Aire (en millier d'ha)	Côtes-d'Armor	Finistère	Ille-et-Vilaine	Morbihan	**Bretagne**
Surface IGN	699,6	678,7	685,2	687,1	**2 750,6**
Surface cadastrée	687,8	673,3	677,5	682,3	**2 720,9**
Superficie agricole utilisée (1995)	459,1	431,1	483,3	417,3	**1 790,8**

Population	Côtes-d'Armor	Finistère	Ille-et-Vilaine	Morbihan	**Bretagne**
Population sans double compte 1990	538 395	838 687	798 718	619 838	**2 795 638**
Estimation provisoire au 1er janvier 1996	541 079	839 882	838 930	635 526	**2 855 418**
densité de population (1996)	79	125	123	93	**105**
taux de natalité (1995)	10,4	11,6	12,7	11,6	**11,7**
taux de mortalité (1995)	12,1	11,6	8,1	10,4	**10,4**

Chômage - R.M.I.	Côtes-d'Armor	Finistère	Ille-et-Vilaine	Morbihan	**Bretagne**
Taux de chômage (C.V.S.) au 31.12.1995	10,9	10,9	10,2	11,7	**10,9**
Bénéficiaires du R.M.I. au 31.12.1995 (CAF+MSA)	5 445	8 812	7 013	5 835	**27 105**

Revenus - Salaires	Côtes-d'Armor	Finistère	Ille-et-Vilaine	Morbihan	**Bretagne**
Salaire net annuel en 1995 (secteur privé)	104 400	108 400	111 700	102 300	**107 600**
Revenu fiscal net moyen en 1993	73 876	76 828	82 599	75 443	**77 547**

Population - Habitat *

7ème région française pour la population :
2 795 638 habitants

57 % des Bretons en communes urbaines
74 % en moyenne française
68 % de maisons individuelles
53 % en moyenne française
65 % de propriétaires de leurs logements
54 % en moyenne française
64 % des logements ont plus de 3 pièces
58 % en moyenne française

Les six grandes villes

POPULATION *	Population des principales agglomérations	Part dans la population régionale (%)
Rennes	245 065	8,8
Brest	201 480	7,2
Lorient	115 488	4,1
Saint-Brieuc	83 861	3,0
Quimper	65 954	2,4
Vannes	48 454	1,7

EMPLOI **	Part dans l'emploi régional (%)
Rennes	9,8
Brest	6,9
Lorient	4,0
Saint-Brieuc	3,0
Quimper	2,6
Vannes	1,7

COMMUNICATIONS	Distance par la route (km)	Temps par le train
Rennes-Brest	246	2h10
Rennes-Nantes	106	1h30
Rennes-Paris	347	2h00

PIB par habitant en 1992

Source : Comptes régionaux, Insee

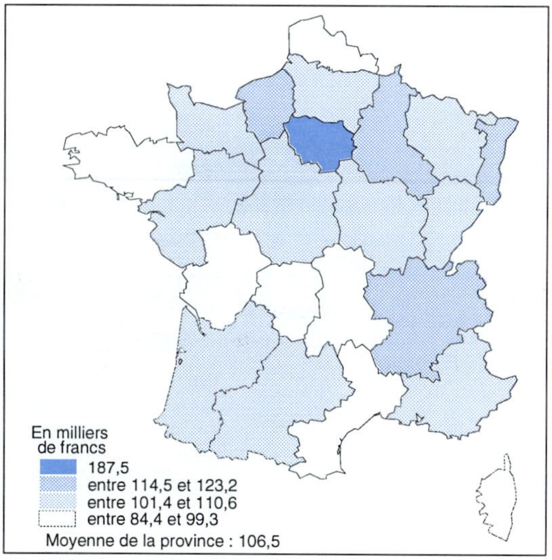

Richesse

7ème région pour la Valeur Ajoutée **
16ème région pour le P.I.B. par habitant
1/5 de moins que la moyenne nationale

Agriculture - sylviculture - pêche

2ème région pour la Valeur Ajoutée **
7 % de la Valeur Ajoutée bretonne
102 100 emplois en 1995
soit 10 % des emplois bretons

Industrie

11ème région pour la Valeur Ajoutée **
20 % de la Valeur Ajoutée bretonne
190 900 emplois en 1995
soit 18 % des emplois bretons

Bâtiment

7ème région pour la Valeur Ajoutée **
6 % de la Valeur Ajoutée bretonne
68 700 emplois en 1995
soit 7 % des emplois bretons

Tertiaire

8ème région pour la Valeur Ajoutée **
67 % de la Valeur Ajoutée bretonne
686 300 emplois en 1995
soit 65% des emplois bretons

* recensement de 1990
** 1992.

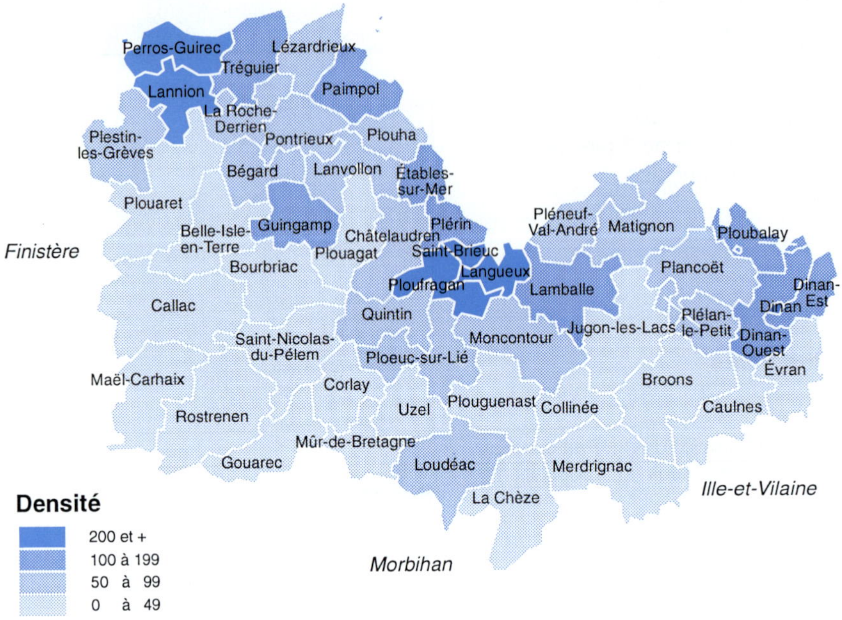

Nombre de :
- cantons 52
- communes 372

Arrondissements : Saint-Brieuc, Dinan
Lannion, Guingamp ;

Population totale :

• au recensement de 1990	538 423
• Accroissement depuis 1982	0 %

Unités Urbaines de plus de 10 000 habitants dans leur composition de 1990 :

• Saint-Brieuc	83 861
• *dont ville chef-lieu*	*44 752*
• Dinan	23 416
• Lannion	19 667
• Guingamp	17 725
• Perros-Guirec	13 268

Population scolaire 1995-1996 : 112 651

Emploi total au 31.12.1995 :	183 619
dont : Agriculture	*15 %*
Industrie	*16 %*
Construction	*7 %*
Tertiaire	*62 %*

Taux de chômage (CVS) :

• fin décembre 1993	11,4 %
• fin décembre 1994	11,2 %
• fin décembre 1995	10,9 %

Emploi salarié dans les industries * dominantes au 31.12.1995 :

• Industries agricoles et alimentaires	10 371
• Indust. des équip. élec. et électron.	3 445
• Indust. des équipements du foyer	1 897
• Indust. des équip. mécaniques	1 788
• Industries du bois et du papier	1 520

Établissements de plus de 50 salariés au 31.12.1995 de l'Industrie, du Bâtiment, du Commerce et des Transports :

• Nombre	226
• Effectif	26 801

* Nomenclature d'Activités Française 1993 (NAF 93)

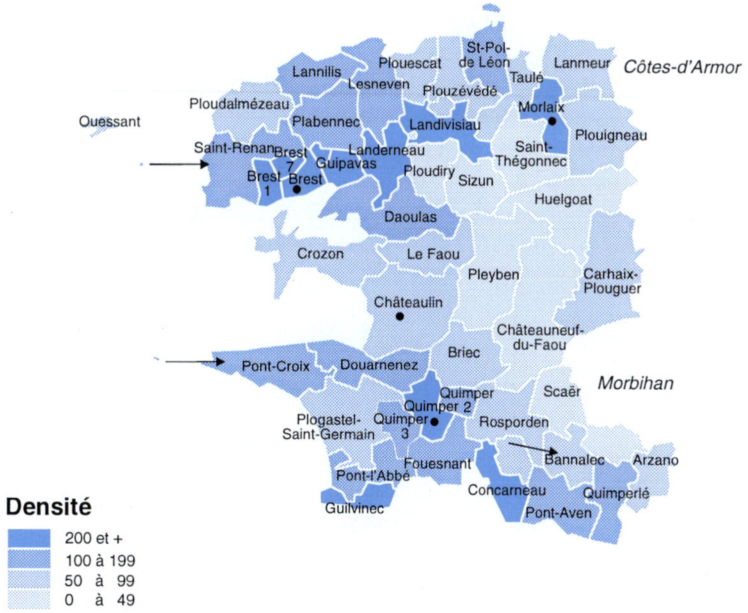

Nombre de :
- cantons 54*
- communes 283

Arrondissements : Brest, Quimper, Morlaix
Châteaulin

Population totale :

• au recensement de 1990	838 662
• Accroissement depuis 1982	+ 1,2

Unités Urbaines de plus de 10 000 habitants dans leur composition de 1990 :

• Brest	201 480
• Quimper	65 954
• *dont ville chef-lieu*	*59 437*
• Morlaix	25 810
• Concarneau	24 760
• Douarnenez	16 457
• Landerneau	14 269
• Quimperlé	10 748

Population scolaire 1995-1996 : 179 034

Emploi total au 31.12.1995 :	303 705
dont : Agriculture	*10 %*
Industrie	*17 %*
Construction	*6 %*
Tertiaire	*67 %*

Taux de chômage (CVS) :

• fin décembre 1993	11,3 %
• fin décembre 1994	11,1 %
• fin décembre 1995	10,9 %

Emploi salarié dans les industries** dominantes au 31.12.1995 :

• Industries agricoles et alimentaires	19 583
• Constr. navale, aéron. et ferroviaire	6 959
• Indust. des équip. élec. et électron.	5 422
• Indust. des équip. mécaniques	3 569
• Métallurgie, transformation des métaux	2 707

Établissements de plus de 50 salariés au 31.12.1995 de l'Industrie, du Bâtiment, du Commerce et des Transports :

• Nombre	379
• Effectif	52 385

* Découpage de Brest en 11 cantons au lieu de 9 au 1er janvier 1992.
** Nomenclature d'Activités Française 1993 (NAF 93)

ILLE-ET-VILAINE

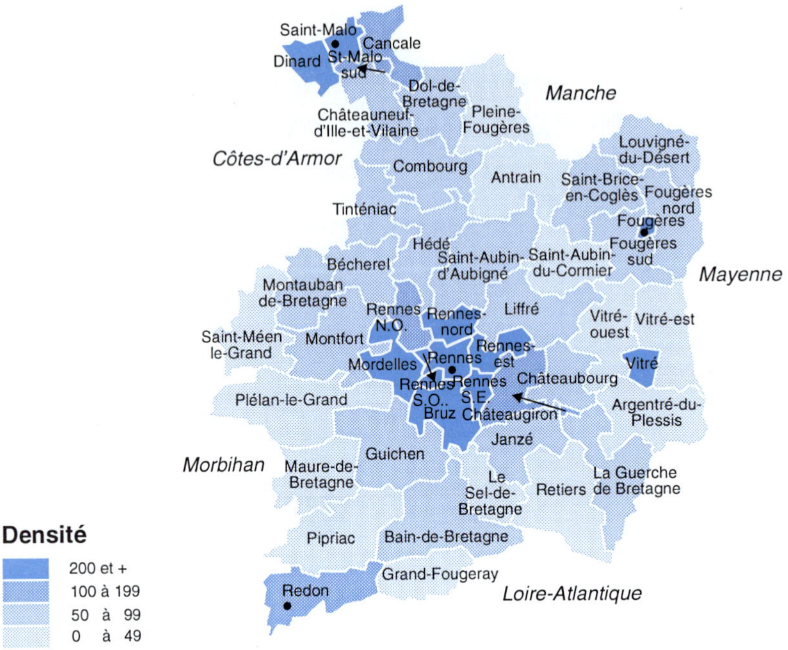

Nombre de :
- cantons 53 *
- communes 352

Arrondissements : Rennes, Saint-Malo, Redon, Fougères ;

Population totale :

• au recensement de 1990	798 715
• Accroissement depuis 1982	+ 6,5 %

Unités Urbaines de plus de 10 000 habitants dans leur composition de 1990 :

• Rennes	245 065
• *dont ville chef-lieu*	*197 536*
• Saint-Malo	48 057
• Fougères	27 389
• Dinard	23 714
• Vitré	14 486
• Redon	12 177

Population scolaire 1995-1996 :	188 493

Emploi total au 31.12.1995 :	337 025
dont : Agriculture	*8 %*
Industrie	*20 %*
Construction	*6 %*
Tertiaire	*66 %*

Taux de chômage (CVS) :

• fin décembre 1993	10,7 %
• fin décembre 1994	10,3 %
• fin décembre 1995	10,2 %

Emploi salarié dans les industries** dominantes au 31.12.1995 :

• Industries agricoles et alimentaires	12 568
• Industrie automobile	11 644
• Chimie, caoutchouc, et plastiques	5 117
• Indust. des équip. mécaniques	4 302
• Indust. des équip. élec. et électron.	4 246

Établissements de plus de 50 salariés au 31.12.1995 de l'Industrie, du Bâtiment, du Commerce et des Transports :

• Nombre	492
• Effectif	68 696

* Nouveaux cantons au 1er janvier 1992 : Betton, Cesson-Sévigné
Rattachement de Châtillon-sur-Seiche à Noyal-sur-Seiche (fusion simple) au 1er janvier 1993.
** Nomenclature d'Activités Française 1993 (NAF 93).

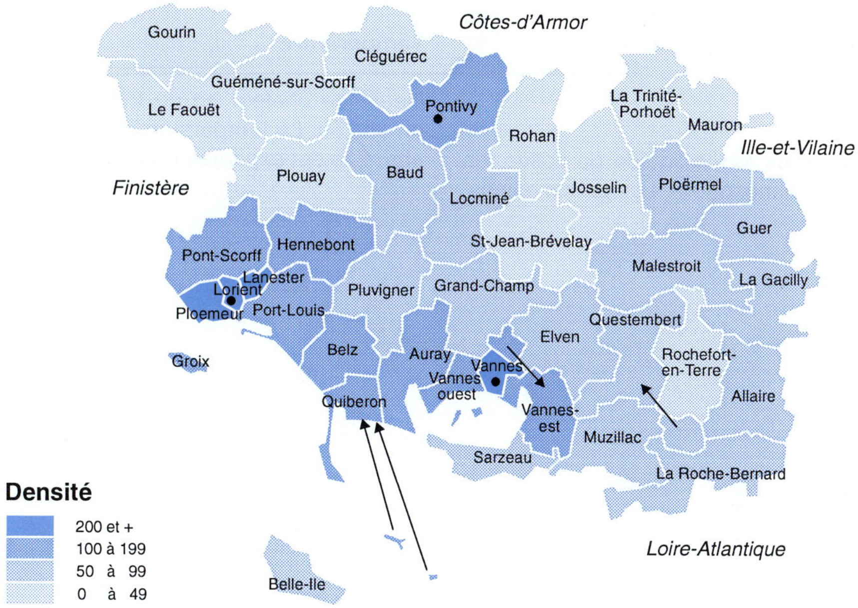

Nombre de :
- cantons 42
- communes 261

Arrondissements : Lorient, Vannes
Pontivy ;

Population totale :

• au recensement de 1990	619 754
• Accroissement depuis 1982	+ 4,9 %

Unités Urbaines de plus de 10 000 habitants dans leur composition de 1990 :

• Lorient	115 488
• Vannes	45 644
• *dont ville chef-lieu*	*45 644*
• Hennebont	19 165
• Auray	14 313
• Pontivy	13 140
• Locmiquélic	12 774

Population scolaire 1995-1996 : 136 550

Emploi total au 31.12.1995 :	223 625
dont : Agriculture	+ *10 %*
Industrie	+ *19 %*
Construction	*7 %*
Tertiaire	+ *64 %*

Taux de chômage (CVS) :

• fin décembre 1993	11,9 %
• fin décembre 1994	11,7 %
• fin décembre 1995	11,7 %

Emploi salarié dans les industries* dominantes au 31.12.1995 :

• Industries agricoles et alimentaires	14 941
• Constr. navale, aéron., ferroviaire	4 607
• Métallurgie, transformation des métaux	3 720
• Chimie, caoutchouc et plastiques	2 470
• Industries des équip.mécaniques	2 371

Établissements de plus de 50 salariés au 31.12.1995 de l'Industrie, du Bâtiment, du Commerce et des Transports :

• Nombre	294
• Effectif	38 828

* Nomenclature d'Activités Française 1993 (NAF 93)

CLIMATOLOGIE

Insolation

Temps pendant lequel le soleil a brillé. La durée d'insolation est exprimé en heures.

Précipitations

Chutes d'eau, sous forme liquide ou solide, en provenance de l'atmosphère. Les précipitations sont recueillies dans un pluviomètre et mesurées à l'aide d'une éprouvette graduée.

Température

Degré de chaleur ou de froid de l'atmosphère en un lieu. La température est déterminée sous abri. Elle est exprimée en degrés Celsius.

Pour en savoir plus :

Publications éditées par Météo-France :
- Météo-hebdo, bulletin hebdomadaire d'études et de renseignements;
- Bulletin climatique annuel;
- La Météorologie, revue trimestrielle de la Société météologique de France.

Insolation, température moyenne et précipitations mensuelles

(Température : degré Celsius
Unités : (Précipitations : mm
(Insolation : heure

Source : Météorologie Nationale

		Durée d'insolation	Hauteur des précipitations	Température moyenne	Moyenne des températures	
					Minimales	Maximales
Bréhat	1993	1 639	770	12°0	9°5	14°4
(Alt. 25 m.)	1994	1 636	841	12°6	10°3	14°9
	1995	1 936	767	12°7	10°4	15°0
Saint-Brieuc	1993	1 481	719	10°6	7°3	13°9
(Alt. 136 m.)	1994	1 539	719	11°6	8°3	14°9
	1995	1 655	804	11°5	8°0	14°9
Brest	1993	1 485	1 040	11°1	8°1	14°1
(Alt. 96 m.)	1994	1 357	1 269	11°9	9°1	14°8
	1995	1 574	1 313	12°1	8°9	15°2
Dinard	1993	1 458	732	11°0	7°5	14°4
(Alt. 58 m.)	1994	1 518	837	12°1	8°7	15°5
	1995	1 618	740	12°0	8°5	15°5
Rennes	1993	1 607	689	11°6	7°7	15°6
(Alt. 36 m.)	1994	1 610	776	13°0	9°0	16°9
	1995	1 739	744	12°7	8°5	17°0
Lorient	1993	1 690	1 064	11°5	7°9	15°2
(Alt. 42 m.)	1994	1 639	1 204	12°5	9°0	16°0
	1995	1 812	1 032	12°6	8°7	16°4

PRESSIONS ANTHROPIQUES

Connaissance du patrimoine naturel

Un outil national : l'inventaire ZNIEFF.
Les Zones Naturelles d'Intérêts Ecologique, Faunistique et Floristique (ZNIEFF) sont répertoriées dans le cadre d'un programme national initié en 1982 par le Ministère de l'Environnement. L'objectif de cet inventaire est de recenser de manière la plus exhaustive possible les espaces naturels qui abritent des espèces rares ou menacées ou qui représentent des écosystèmes riches et peu modifiés par l'homme. Cet inventaire doit permettre à tous les décideurs de prendre en compte les spécificités du milieu naturel avant toute opération d'aménagement ou de modification de l'espace. Il existe deux types de ZNIEFF :

- les ZNIEFF de type 1 : secteurs délimités, caractérisés par leurs intérêts biologiques remarquables,
- les ZNIEFF de type 2 : grands ensembles naturels, riches et peu modifiés ou qui offrent des potentialités biologiques importantes.

Protections réglementaires du patrimoine naturel

- Zones de protection spéciale

La directive européenne du 6 avril 1979 concernant la conservation des oiseaux sauvages s'applique à tous les états membres de l'Union Européenne depuis le 6 avril 1981. Les états s'engagent à protéger les habitats permettant d'assurer la survie et la reproduction de 175 espèces d'oiseaux sauvages rares ou menacées. Chaque état doit, à ce titre, classer les sites les plus appropriés à la conservation de ces espèces en Zones de Protection Spéciale (ZPS). L'état s'engage, sur ces zones, à prendre les mesures nécessaires pour écarter toute pollution, détérioration de l'habitat, ainsi que les perturbations touchant aux oiseaux.

- Sites naturels classés

Le classement d'un site a pour objet de le conserver en l'état : il ne peut être ni détruit, ni modifié dans son aspect ou son « état ». Selon les cas, la décision de classement est prise soit par arrêté du Ministère de l'Environnement, soit par décret en Conseil d'Etat après avis des Commissions départementales et supérieures des sites. Ainsi, le classement a permis, en Bretagne, de sauvegarder durablement les plus beaux ensembles naturels côtiers.

- Réserves naturelles

Les réserves naturelles ont été créées pour assurer la conservation des espèces et des milieux les plus remarquables. Instituées à l'origine par la loi du 2 mai 1930 et ensuite par la loi du 10 juillet 1976 relative à la protection de la nature, les réserves naturelles voient leurs objectifs limitativement énumérés. Parmi ceux-ci, on trouve la préservation d'espèces animales ou végétales, la reconstitution de populations animales ou végétales, la conservation des jardins botaniques, la préservation des sites présentant un intérêt particulier pour l'étude de l'évolution de la vie.

Installations classées

Les installations industrielles ou agricoles susceptibles de créer des risques ou de provoquer des pollutions ou des nuisances sont soumises à la législation des installations classées pour la protection de l'environnement.
Les installations qui présentent des risques, pollutions ou nuisances importants sont soumises à autorisation par le Préfet du département qui fixe à l'issue d'une procédure très complète (enquête publique, consultations des élus et des services) des prescriptions adaptées à chaque cas particulier.

Pour en savoir plus :

- "Curieux de nature : Patrimoine naturel de Bretagne", DIREN et conseil régional de Bretagne, 1995, 100 p.
- Les données de l'environnement de l'IFEN, Institut français de l'environnement, 4 p.;
- L'environnement en France, IFEN, édition 1994-1995, 399 p.;
- "Statistiques nationales sur l'environnement", Études et Travaux, IFEN, n°8, Février 1996, 163 p.

Installations classées

Source : Ministère de l'Environnement - DRIRE

1995	Côtes-d'Armor	Finistère	Ille-et-Vilaine	Morbihan	**Bretagne**
Nombre d'établissements soumis à autorisation (*)	3 371	6 419	1 658	3 142	**14 590**
dont : élevages	*2 838*	*5 910*	*1 134*	*2 685*	***12 567***
carrières	*134*	*120*	*121*	*125*	***500***
potentiellement dangereux (**)	*4*	*9*	*11*	*4*	***25***
Nombre d'établissements soumis à redevance	94	133	100	90	**417**
Nombre d'établissements soumis à la taxe parafiscale sur la pollution de l'air	6	13	10	4	**33**

(*) Établissement comprenant au moins une installation soumise à autorisation.
(**) Établissement soumis à PSS (Plan de Secours Spécialisé).

Connaissance du patrimoine naturel : les ZNIEFF de type 1

Sources : Direction régionale de l'environnement Bretagne - DRIRE

1996	Côtes-d'Armor	Finistère	Ille-et-Vilaine	Morbihan	**Bretagne**
Nombre	140	170	142	155	**607**
Surface (ha)	8 030	14 400	8 590	23 050	**54 070**

Protections réglementaires du patrimoine naturel

Source : Direction régionale de l'environnement Bretagne

1996	Côtes-d'Armor		Finistère		Ille-et-Vilaine		Morbihan		**Bretagne**	
	Nombre	Surface (ha)	Nombre	Surface (ha)	Nombre	Surface (ha)	Nombre	Surface (ha)	**Nombre**	**Surface (ha)**
Zones de protection spéciale	6	22 750	8	27 110	2	7 700	5	9 930	**21**	67 490
Sites naturels classés	68	2 418	98	7 584	64	7 311	69	4 524	**299**	**21 837**
Réserves naturelles	1	347	3	97	0	0	2	534	**6**	**978**

Effectif de la population

Les recensements généraux de la population déterminent la population légale des communes, des départements et de la France. Les résultats sont authentifiés par décrets.
En dehors des années de recensement, l'Insee procède à des estimations de la population des départements au 1er janvier de chaque année. Les difficultés de ces estimations proviennent surtout des phénomènes migratoires.
Les séries présentées ici sont encore provisoires, elles seront prochainement révisées. L'Insee vient en effet de mettre en oeuvre un nouveau processus d'estimation de population, faisant appel à plusieurs sources. Si ce dispositif est adopté, les résultats devraient être disponibles au début de 1997.

Mouvement naturel de la population

Les statistiques du mouvement de la population ont pour source principale l'exploitation par l'Insee des bulletins statistiques d'état-civil établis lors de l'enregistrement des actes. Les bulletins de mariages, de naissances et de décès, sont remplis dans la commune où ont lieu les mariages, les naissances et les décès. Le dépouillement des bulletins effectué par l'Insee donne lieu à une première série de résultats dits "statistiques enregistrées" ou "statistiques provisoires". Après chiffrement complet des bulletins et exploitation, des "statistiques domiciliées" sont publiées. Pour les naissances et les morts-nés, le domicile retenu est celui de la mère, pour les décès celui du décédé et pour les mariages celui déclaré par le couple, ou à défaut celui du mari.

Taux démographiques

Les taux de natalité, mortalité, nuptialité sont calculés par rapport à la population estimée en milieu d'année, et à partir des statistiques domiciliées.

Autres indicateurs démographiques

Les naissances selon le rang sont établies à partir des naissances légitimes et selon le rang de naissance dans le mariage actuel.
Le nombre des divorces est établi à partir des bulletins remplis par les greffes des tribunaux lors du déroulement de la procédure.

Pour en savoir plus :

- "Premiers éléments 1995 de démographie bretonne" - Octant n° 65 - Juin 1996 - p. 43-44;
- "Comment va la famille ?" - Octant n° 64 - Janvier 1996 - p. 5-9;
- "Quelles familles en Ille-et-Vilaine ?" - Dossier d'Octant - Hors série n°1 - Mars 1996 - 65 p.

- "La population de la France - une croissance sans précédent depuis 1946" - INSEE Première n°444 - Avril 1996 - 4 p.;
- "Mariages 1994 : la nuptialité à son niveau le plus bas, avant une reprise" - INSEE Première n° 438 - Mars 1996 - 4 p.;
- "Bilan démographique : reprise de la natalité" - INSEE Première n°428 - Février 1996 - 4 p.;
- "Un siècle de démographie française : structure et évolutions de la population de 1901 à 1993" - INSEE Résultats Démographie-Société n°47-48 - Décembre 1995 - 306 p.

Population des départements

Source : I.N.S.E.E.

Population au 1er janvier	Côtes-d'Armor	Finistère	Ille-et-Vilaine	Morbihan	**Bretagne**	France métropolitaine
1993	540 392	840 543	817 711	629 288	**2 827 934**	57 529 700
1994	540 607	840 411	824 055	631 129	**2 836 202**	57 779 300
1995	540 963	839 843	831 920	633 006	**2 845 732**	58 020 400
1996	541 071	839 849	838 908	635 511	**2 855 340**	58 265 400

Mouvement naturel de la population

Source : I.N.S.E.E.

		Côtes-d'Armor	Finistère	Ille-et-Vilaine	Morbihan	**Bretagne**	France métropolitaine
Naissances	1993	5 378	9 254	10 217	7 042	**31 891**	711 610
	1994	5 434	9 388	10 099	7 048	**31 882**	709 520
	1995	5 624	9 678	10 575	7 368	**33 245**	728 210
Décès	1993	6 453	9 629	6 848	6 668	29 598	532 263
	1994	6 100	9 388	6 528	6 349	**28 365**	519 965
	1995	6 554	9 722	6 807	6 593	**29 676**	531 340
Solde naturel	1993	- 1 075	- 375	3 369	374	2 293	179 347
	1994	- 666	- 87	3 571	699	**3 517**	189 555
	1995	- 930	- 44	3 768	775	**3 569**	196 870
Mariages	1993	1 778	3 049	3 515	2 338	10 680	255 190
	1994	1 760	3 228	3 697	2 529	**11 214**	253 746
	1995	1 768	3 177	3 604	2 537	**11 086**	254 060
Décès de moins d'1 an	1993	27	55	53	42	177	4 604
	1994	24	43	50	41	**158**	4 193
	1995	25	26	48	40	**139**	3 382

Taux démographiques

Source : I.N.S.E.E.

Unité : pour 1000

		Côtes-d'Armor	Finistère	Ille-et-Vilaine	Morbihan	**Bretagne**	France métropolitaine
Natalité	1993	10,0	11,0	12,4	11,2	**11,3**	12,3
	1994	10,0	11,0	12,2	11,1	**11,2**	12,3
	1995	10,4	11,5	12,7	11,6	**11,7**	12,5
Mortalité	1993	11,9	11,5	8,3	10,6	**10,5**	9,2
	1994	11,3	11,2	7,9	10,0	**10,0**	9,0
	1995	12,1	11,6	8,1	10,4	**10,4**	9,1
Excédent naturel	1993	- 2,0	- 0,4	4,1	0,6	**0,8**	3,1
	1994	- 1,3	- 0,2	4,3	1,1	**1,2**	3,3
	1995	- 1,7	- 0,1	4,5	1,2	**1,2**	3,4
Nuptialité	1993	3,3	3,6	4,3	3,7	**3,8**	4,4
	1994	3,3	3,8	4,5	4,0	**3,9**	4,4
	1995	3,3	3,8	4,3	4,0	**3,9**	4,4
Mortalité infantile (enfants de - d'1 an)	1993	5,0	5,9	5,2	6,0	**5,6**	6,5
	1994	4,4	4,6	5,0	5,8	**5,0**	5,9
	1995	4,4	2,7	4,5	5,4	**4,2**	4,6

Naissances en 1994 selon l'âge et le domicile de la mère

Source : I.N.S.E.E.

	Côtes-d'Armor	Finistère	Ille- et-Vilaine	Morbihan	**Bretagne**
de 15 19 ans	62	99	110	86	**357**
de 20 24 ans	920	1 418	1 502	1 165	**5 005**
de 25 29 ans	2 219	3 784	4 189	2 788	**12 980**
de 30 34 ans	1 557	2 807	3 076	2 189	**9 629**
de 35 39 ans	591	1 038	1 050	718	**3 397**
de 40 54 ans	85	154	172	102	**514**
Total	5 434	9 301	10 099	7 048	**31 882**

Fécondité en 1994 selon le groupe d'âge et le département de domicile de la mère

Source : I.N.S.E.E.

taux de fécondité (pour 100 femmes)	Côtes-d'Armor	Finistère	Ille- et-Vilaine	Morbihan	**Bretagne**	France métropolitaine
de 15 19 ans	1,7	1,7	1,7	2,0	**1,8**	3,6
de 20 24 ans	31,0	25,1	19,1	29,9	**24,5**	28,5
de 25 29 ans	74,1	70,9	68,1	69,5	**70,0**	64,0
de 30 34 ans	45,5	48,3	52,0	48,2	**48,9**	46,5
de 35 39 ans	16,2	17,5	17,8	15,7	**16,9**	18,7
de 40 54 ans	2,2	2,6	2,9	2,3	**2,5**	4,1
Total	170,7	166,1	161,6	167,6	**164,6**	165,4

Nombre et part des naissances hors mariage

Source : I.N.S.E.E.

		Côtes-d'Armor	Finistère	Ille- et-Vilaine	Morbihan	**Bretagne**	France métropolitaine
Naissances hors mariage	1992	1 824	2 923	3 014	2 253	**10 014**	246 867
	1993	1 923	3 009	3 212	2 378	**10 522**	248 331
	1994	2002	3 088	3 235	2 486	**10 811**	256 234
% naissances hors mariage	1992	32,2	30,1	28,7	30,5	**30,1**	33,2
	1993	35,8	32,5	31,4	33,8	**33,0**	34,9
	1994	36,7	33,0	31,8	35,1	**33,7**	36,1

Naissances selon le rang - Bretagne

Source : I.N.S.E.E.

		1er enfant	2ème enfant	3ème enfant	4ème enfant et plus	total naissances légitimes
Naissances	1992	9 503	8 218	4 242	1 280	23 243
	1993	9 027	7 484	3 644	1 214	21 369
	1994	8 968	7 581	3 403	1 119	21 071
répartition en %	1992	40,9	35,4	18,3	5,5	100,0
	1993	42,2	35,0	17,1	5,7	100,0
	1994	42,7	35,9	16,1	5,3	100,0

Divorces prononcés

Source : Ministère de la Justice

	Côtes-d'Armor	Finistère	Ille- et-Vilaine	Morbihan	**Bretagne**	France métropolitaine
1992	649	1 218	1 148	843	**3 858**	107 994
1993	792	1 298	1 262	974	**4 326**	110 759
1994	779	1 400	1 263	883	**4 325**	119 140

Consommation
Logement
Enseignement
Santé
Justice

SOCIÉTÉ MODES DE VIE

Ménage

Le ménage est constitué par l'ensemble des personnes vivant à l'intérieur d'un même logement, occupé à titre de résidence principale, quel que soit le nombre de ces personnes et le lien qu'elles ont avec le titulaire du logement.

Equipement des ménages en biens durables

Les taux d'équipement sont issus de l'enquête de conjoncture auprès des ménages que l'I.N.S.E.E. effectuait périodiquement de 1958 à 1994.

Consommation des ménages

La consommation des ménages français est décrite dans ses grandes fonctions par les « Comptes de la Nation de 1995 » établis par l'I.N.S.E.E..

L'I.N.S.E.E. réalise par ailleurs une enquête quinquennale appelée « Budget des familles ». La taille de l'échantillon permet une exploitation statistique au niveau de la ZEAT (Zone d'Études et d'Aménagement du Territoire). La zone Ouest comprend les trois régions suivantes : Bretagne, Poitou-Charentes, Pays de la Loire. La dernière collecte de cette enquête date de 1994, et ses résultats seront disponibles en 1997. En 1991, l'enquête précédente ne montrait pas de différences notables entre la consommation alimentaire des habitants de la zone Ouest et ceux du reste de la France, à l'exception de quelques denrées ou habitudes de consommation régionales (beurre, cidre, poissons et crustacés, etc.).

Pour en savoir plus :

- "La consommation des ménages en 1995 " - INSEE Première n° 453 - Mai 1996 - 4 p. ;
- "Le niveau de vie des ménages dans les régions" - INSEE Première n° 436 - Mars 1996 - 4 p. ;
- "Le niveau de vie par génération" - INSEE Première n° 423 - Janvier 1996 - 4 p. ;
- "Conditions de vie des ménages (enquêtes 1986-87 et 1993-94)" - INSEE Résultats : Consommation - Modes de vie n° 79 - Février 1996 - 174 p. ;
  La Société Française : données sociales 1996 - INSEE :
- "Panorama de la consommation des ménages" - p. 374-382 ;
- "La consommation des ménages depuis 1959" - p. 383-388.

Équipement des ménages en biens durables

Taux de possession en % des ménages

Source : INSEE - Enquêtes quadrimestrielles de conjoncture auprès des ménages 1992 à 1994

Taux de possession	Bretagne			France		
	1992	**1993**	**1994**	1992	1993	1994
Automobile	**78,7**	**78,4**	**80,6**	78,5	77,8	78,3
Réfrigérateur	**97,5**	**97,6**	**97,6**	98,5	98,5	98,8
Machine à laver le linge	**85,4**	**86,1**	**88,7**	89,7	89,4	89,4
Téléviseur	**94,7**	**95,4**	**96,4**	94,6	94,6	94,8
dont couleur	***89,4***	***90,6***	***92,8***	*91,5*	*91,5*	*92,4*
Machine à laver la vaisselle	**24,9**	**25,3**	**29,2**	34,2	33,6	35,3
Congélateur	**53,9**	**53,3**	**53,4**	46,4	45,7	46,9
Téléphone	**94,6**	**94,5**	**...**	95,6	95,5	...
Magnétoscope	**...**	**44,9**	**44,9**	...	52,8	52,8

Évolution de la consommation des ménages par fonction - France

Variation par rapport à l'année précédente en %

Source : INSEE - Comptes de la Nation 1995

	Volume				Prix			Valeur 1995 en milliards de F
	Moyenne annuelle 91-95	1993	1994	1995	1993	1994	1995	
Alimentation, boissons, tabac	0,7	1,0	0,2	1,5	1,1	1,9	1,8	838,2
dont : Ensemble alimentation	0,7	0,5	0,5	1,6	- 0,1	0,9	1,2	653,5
dont : Pain et Céréales	*0,4*	*- 0,8*	*0,7*	*0,7*	*2,3*	*1,1*	*1,0*	*89,9*
Viande, volaille, conserves de viandes	*- 0,1*	*0,5*	*- 0,9*	*1,1*	*- 0,3*	*0,2*	*0,5*	*207,5*
Poissons	*2,4*	*4,3*	*0,0*	*4,5*	*- 2,5*	*- 1,2*	*- 1,1*	*39,8*
Laits, fromages et oeufs	*1,2*	*1,0*	*1,4*	*1,7*	*0,6*	*- 0,5*	*- 0,2*	*97,3*
Huiles et graisses	*- 1,4*	*- 1,7*	*- 0,5*	*- 2,4*	*0,7*	*1,8*	*2,0*	*22,4*
légumes frais	*1,1*	*1,2*	*0,1*	*1,8*	*2,5*	*3,7*	*3,3*	*47,9*
Fruits frais	*0,0*	*2,4*	*1,4*	*1,6*	*- 7,3*	*3,7*	*2,8*	*39,1*
Boissons non alcoolisées	*3,4*	*3,8*	*4,1*	*6,9*	*1,2*	*- 0,3*	*0,1*	*27,4*
Boissons alcoolisées	*1,1*	*6,9*	*- 1,4*	*1,1*	*0,0*	*0,9*	*1,7*	*89,0*
Tabac	*- 1,4*	*- 4,5*	*- 2,6*	*- 1,6*	*19,3*	*16,5*	*8,5*	*68,3*
Habillement (y compris chaussures)	- 2,0	- 2,4	- 2,6	- 2,5	0,9	0,5	0,5	246,8
Logement, chauffage, éclairage	2,7	2,2	1,5	3,3	4,2	3,0	2,2	1 000,6
Équipement du logement	- 0,3	- 0,5	0,8	0,7	1,6	1,0	1,5	336,2
Santé	3,4	3,9	1,2	2,4	1,4	2,2	2,6	478,9
Transports, communications	0,3	- 3,6	4,0	1,0	2,7	2,7	1,8	745,9
dont : Automobiles	*-3,0*	*- 15,2*	*14,7*	*- 3,8*	*2,4*	*- 0,2*	*1,3*	*146,6*
Loisirs, culture	1,5	- 0,5	2,5	1,7	1,3	0,8	0,7	344,7
Autres biens et services	0,6	- 0,8	1,4	1,9	3,2	2,3	1,8	606,7
Consommation finale des ménages	**1,1**	**0,1**	**1,4**	**1,7**	**2,3**	**2,1**	**1,8**	**4 598,0**

CULTURE - SPORT - LOISIRS

Pour les **musées, aquariums, parcs zoologiques et parcs de loisirs**, les comptages effectués correspondent au nombre de personnes ayant acquis des droits. La fréquentation réelle est donc supérieure à celle donnée par les comptages de tickets. Fréquemment, les enfants ne paient pas de droits d'entrée et ne sont donc pas comptabilisés.

Pour le **sport**, les statistiques de licenciés sont plutôt des mesures du degré d'organisation des différents sports que la mesure de l'intensité de leur pratique.

Dans les activités de plein-air traditionnelles ont été retenues la **chasse** et la **pêche** en eau douce. Pour cette dernière activité, le comptage des timbres donne une approximation du nombre de pêcheurs, sachant que les jeunes de moins de 16 ans, de même que les conjoints de ceux qui ont acquis un timbre sont exonérés.

Pour en savoir plus :

- La société française : données sociales 1996 - INSEE : "Les sorties culturelles des 12-25 ans" - p. 410-414 ;
- Chiffres-clés - Statistiques de la Culture 1995 - Ministère de la Culture - 153 p. ;
- Développement culturel - Mensuel du Ministère de la Culture ;
- "Le sport en liberté" - Consommation et modes de vie - C.R.E.D.O.C. - n° 94 - Janvier 1995 - p. 4 ;
- "Les vacances des Français de 1992 à 1994" - INSEE Résultats - série Consommation-Modes de vie - Mars 1996 - 194 p.

Entrées payantes dans les principaux monuments et musées

Sources : Préfet maritime, conservateurs, propriétaires *Unité : millier d'entrées*

Monuments et musées	1991	1992	1993	1994	1995
CÔTES-D'ARMOR					
Château de Dinan	61,4	45,7	40,4	31,8	28,3
Château de Quintin	18,0	15,1	15,8	14,0	13,0
Cloître de Tréguier	42,6	50,3	45,7	36,6	31,7
Fort La Latte	142,3	144,0	143,4	137,7	139,6
Musée de Télécommunication de Pleumeur-Bodou	83,4	96,5	94,2	92,5	101,9
Planétarium du Trégor	69,2	68,4	65,2	72,6	73,1
FINISTÈRE					
Château de Kerjean *	50,4	48,1	38,8	36,8	36,8
Arsenal de Brest **	38,1	33,2	37,9	34,4	32,9
Musée de Brest	59,4	65,6	49,2	41,0	39,2
Pont-l'Abbé : Musée Bigouden	23,4	23,3	22,2	16,6	13,5
Pont-l'Abbé : Ecomusée Maison du Pays Bigouden	9,3	7,5	6,4	5,5	4,7
Port-Musée de Douarnenez	///	///	214,2	154,2	///
Remparts de Concarneau	83,2	84,0	85,8	66,8	59,8
ILLE-ET-VILAINE					
Château de la Bourbansais	15,0	18,0	16,0	15,8	13,9
Château de Combourg	50,0	50,0	48,5	39,2	42,5
Château de Fougères	77,1	83,3	74,4	75,1	69,6
Château de Vitré	43,6	56,5	55,8	55,7	51,7
Rennes : Musée des Beaux-Arts	25,4	33,6	52,5	27,1	17,3
Rennes : Musée de Bretagne	31,6	22,9	23,1	23,9	21,6
Rennes : Écomusée du Pays de Rennes (La Bintinais)	16,9	20,0	13,9	13,2	21,9
St-Malo : Musée d'Histoire de la ville (château de St-Malo)	55,4	45,1	35,6	41,8	30,6
St-Malo : Musée International du Long-Cours Cap-Hornier (Tour Solidor)	16,3	15,0	11,1	16,4	12,7
MORBIHAN					
Château de Josselin	86,1	91,0	81,9	73,6	70,0
Château de Suscinio	76,8	76,0	88,7	69,6	85,0
Musée de Carnac	54,5	39,7	52,9 ***	34,4	32,8
Musée de la Compagnie des Indes	77,7	81,2	64,1	64,0	54,4
Musée de poupées (collection Rohan) Josselin	32,0	29,5	26,2	23,0	21,5

* Entrées payantes, non compris les gratuités et entrées réceptions-colloques
** Entrées gratuites
*** Y compris les entrées jumelées musées + tumulus

AQUARIUMS - PARCS - ZOOS

Entrées payantes dans les aquariums et parcs zoologiques

Sources : gestionnaires *Unité : millier d'entrées*

	1993	1994	1995
		Côtes-d'Armor	
Aquarium de Trégastel	71,8	64,6	65,6
Parc zoologique de Trégomeur	81,5	81,8	71,0
		Finistère	
Aquarium de Roscoff	39,0	33,4	29,2
Maison de la Rivière-Sizun	11,7	12,8	9,4
Parc de la mer Océanopolis-Brest	350,0	315,0	293,0
Parc zoologique de la Pommeraie	26,6	19,5	15,6
		Ille-et-Vilaine	
Aquarium de Dinard	11,0	9,3	7,6
Parc zoologique du château de la Bourbansais	52,5	47,3	43,0
		Morbihan	
Aquarium océanographique et tropical de Vannes	178,0	180,0	176,0
Parc zoologique de Branféré	108,0	105,9	103,7
Par zoologique de Pont-Scorff	126,3	120,6	131,0

Entrées payantes dans les parcs d'attractions et de loisirs

Sources : gestionnaires *Unité : millier d'entrées*

	Côtes-d'Armor		Finistère	Ille-et-Vilaine
	ARMORIPARK Bégard	Village de MEEN Le Gaulois Pleumeur-Bodou	Domaine de MENEZ-MEUR Hanvec	COBAC PARC Lanhélin
1993	65,0	69,0	48,1	67,0
1994	73,2	64,0	50,0	65,0
1995	75,0	65,0	36,3	65,1

CHASSE - PÊCHE

Permis de chasse délivrés

Source : Office national de la chasse

Campagnes cynégétiques (1 juillet N → 30 juin N + 1)	1990-1991	1991-1992	1992-1993	1993-1994	1994-1995	1995-1996
Côtes d'Armor	17 847	16 446	17 506	17 005	16 427	16 134
Finistère	17 947	17 536	17 410	16 975	16 513	16 127
Ille-et-Vilaine	19 745	19 251	18 819	18 847	18 412	18 016
Morbihan	17 712	17 468	17 296	16 517	16 135	15 744
Bretagne	**73 251**	**70 701**	**71 031**	**69 344**	**67 487**	**66 021**
dont gibier d'eau	*14 642*	*13 888*	*14 359*	*14 255*	*14 055*	*13 775*
France	1 689 300	1 659 200	1 628 300	1 602 784	1 576 399	1 542 399
dont gibier d'eau	*266 200*	*261 100*	*254 400*	*248 623*	*242 766*	*237 561*

Associations de pêche et de pisciculture

Source : Conseil supérieur de la pêche

Unité : 1 association

	Côtes-d'Armor	Finistère	Ille-et-Vilaine	Morbihan	**Bretagne**	France
1993	33	27	28	27	**115**	4 172
1994	33	27	28	27	**115**	4 183
1995	33	27	28	27	**115**	4 169

Taxe piscicole : timbres délivrés

Source : Conseil supérieur de la pêche

		Côtes-d'Armor	Finistère	Ille-et-Vilaine	Morbihan	**Bretagne**	France
Taxe de base	**1994**	319	154	2 301	922	**3 696**	238 111
	1995	167	106	1 711	547	**2 531**	178 565
Taxe complète	**1994**	15 976	10 076	20 624	13 175	**59 851**	1 463 989
	1995	14 690	10 117	20 486	11 939	**57 232**	1 391 105
Timbres pour saumon	**1994**	155	602	32	224	**1 013**	1 680
	1995	174	693	40	246	**1 153**	1 881
Timbres pour truite de mer	**1994**	46	58	20	51	**175**	2 350
	1995	54	81	16	30	**181**	2 412

Équipement et exploitation des salles de cinéma

Source : Centre National de la Cinématographie (C.N.C.)

	Côtes-d'Armor	Finistère	Ille-et-Vilaine	Morbihan	**Bretagne**	France
Équipement						
			1993			
Salles *	35	71	64	49	**219**	4 415
Fauteuils *	8 719	15 716	14 905	11 114	**50 454**	992 000
			1994			
Salles *	35	72	65	53	**225**	4 323
Fauteuils *	8 719	15 914	15 146	11 505	**51 824**	923 263
			1995			
Salles *	36	73	64	52	**225**	4365
Fauteuils *	8 794	16 169	14 931	11 170	**51 064**	919 242
Exploitation						
			1993			
Milliers de spectateurs	764	1 588	1 841	1 039	**5 232**	133 330
Recette T.T.C. (millier de F.)	24 354	49 817	59 241	34 524	**167 936**	4 519 410
Recette moyenne par spectateur **	31,87	31,36	32,18	33,23	**32,10**	33,90
Indice de fréquentation ***	1,4	1,9	2,3	1,7	**1,9**	2,4
			1994			
Milliers de spectateurs	746	1 666	1 822	1 019	**5 253**	125 093
Recette T.T.C. (millier de F.)	27 193	50 789	59 176	32 840	**169 998**	4 303 873
Recette moyenne par spectateur **	36,45	30,48	32,48	32,22	**32,60**	34,41
Indice de fréquentation ***	1,4	2,0	2,2	1,6	**1,8**	2,2
			1995			
Milliers de spectateurs	773	1 639	1 887	1 055	**5 354**	130 105
Recette T.T.C. (millier de F.)	25 560	52 787	62 513	36 484	**177 344**	4 522 684
Recette moyenne par spectateur **	33,08	33,20	33,12	34,58	**33,12**	34,76
Indice de fréquentation ***	1,4	1,9	2,3	1,7	**1,9**	2,2

* Recensement C.N.C. - décembre de chaque année
** Exprimée en francs.
*** Calculé sur la population totale - recensement Général de la Population INSEE 1990.

Licences par discipline sportive olympique

Sources : Ministère de la jeunesse et des sports - Fédérations olympiques

1993	Côtes-d'Armor	Finistère	Ille-et-Vilaine	Morbihan	Bretagne		Bretagne % France
					Total	% hommes	
Athlétisme *	2 137	2 277	2 632	1 668	**8 714**	**66,9**	**6,5**
Aviron	78	909	292	577	**1 856**	**58,0**	4,3
Badminton *	525	319	804	529	**2 177**	**58,9**	**7,1**
Base-ball,soft-ball,criket	43	73	229	80	**425**	**85,4**	3,2
Basket-ball *	4 258	8 793	11 055	5 255	**29 361**	**63,2**	**6,8**
Boxe	183	91	66	121	**461**	**96,3**	3,2
Canoë-kayak *	1 633	1 188	1 813	1 035	**5 669**	**73,3**	**5,8**
Cyclisme *	2 448	2 413	2 470	2 205	**9 536**	**92,0**	**10,3**
Équitation	2 557	3 902	3 794	3 151	**13 404**	**37,0**	4,8
Escrime	137	658	1 020	225	**2 040**	**65,2**	2,0
Football *	31 163	38 802	40 196	35 753	**145 914**	**99,0**	**8,0**
Gymnastique	1 955	1 833	2 844	1 045	**7 677**	**20,7**	4,6
Haltéro.muscul.culturisme, force	326	25	77	185	**613**	**62,3**	2,8
Hand-ball *	1 992	6 920	2 511	2 700	**14 123**	**57,3**	**7,6**
Hockey sur gazon	-	33	142	27	**202**	**83,7**	2,5
Judo et disc. associées	3 291	3 679	5 090	4 056	**16 116**	**79,3**	3,7
Lutte	12	63	-	25	**100**	**92,0**	1,0
Natation	797	1 774	1 565	1 231	**5 367**	**50,8**	3,7
Ski	440	1 233	678	104	**2 455**	**58,0**	0,4
Sports de glace	74	462	438	70	**1 044**	**45,8**	3,0
Tennis	8 028	14 974	17 675	11 585	**52 262**	**66,0**	4,3
Tennis de table *	1 559	3 678	2 875	1 810	**9 922**	**89,5**	**7,0**
Tir	389	1 029	952	827	**3 197**	**89,0**	2,4
Tir à l'arc	230	431	698	378	**1 737**	**80,0**	4,0
Voile *	11 362	15 193	5 064	16 140	**47 759**	**81,8**	**26,7**
Volley-Ball *	599	1 240	3 832	1 232	**6 903**	**45,2**	**8,0**

* En regard de la part de la population bretonne dans celle de la France 4,94 % au recensement de 1990, sport pratiqué par une fraction de la population plus importante que cette part.

LOGEMENT

Statistique de la construction neuve

Les résultats proviennent de la base de données SICLONE* élaboré par les services du Ministère de l'aménagement du territoire, de l'équipement et du logement. La notion d'"individuel pur" correspond à un permis de construire d'un seul logement. La notion d'"autres individuels" correspond à un permis de construire comportant plusieurs logements individuels.

Aide au financement

Les aides à la pierre sont différentes selon leurs destinataires : le secteur locatif social ou bien le secteur privé.

Les Prêts Locatifs Aidés sont des prêts à taux minorés dont bénéficient les organismes HLM pour la construction et l'acquisition-amélioration de logements.
Dans le secteur privé, les propriétaires-occupants peuvent bénéficier de la **Prime à l'Amélioration de l'Habitat (PAH)** pour des travaux d'amélioration.

Le Prêt d'Accession à la Propriété (PAP) est destiné aux personnes physiques sous condition de ressources. Il permet d'acquérir un logement neuf ou ancien avec travaux à un taux minoré fixé par l'État.

* Système d'information sur la construction de logement et de locaux neufs.

Pour en savoir plus :

- "Le logement : reconstruction, grands ensembles et accession à la propriété" - INSEE Première n° 456 - Mai 1996 - 4 p. ;
- "Dépenses de logement et comportements résidentiels en 1988 et 1992 : enquêtes sur le logement" - INSEE Résultats - Consommation-modes de vie - n° 77-78 - Décembre 1995 - 337 p. ;
- "Les comptes du logement de 1984 à 1994" - Notes vertes économiques - série "Informations rapides" - n° 398 - Juin 1996 - 8 p. - Ministère de l'équipement, du logement, des transports et du tourisme - direction des affaires économiques et internationales.

Logements neufs

Source : D.R.E. Bretagne

Unité : Logement

1995	Côtes-d'Armor	Finistère	Ille-et-Vilaine	Morbihan	**Bretagne**	% 1995/1994
Mises en chantier						
Individuel pur	1 457	2 238	2 443	2 227	**8 365**	- 4,1
Autres individuels	353	329	470	484	**1 636**	- 17,2
Collectifs	818	1 218	3 222	1 424	**6 682**	- 29,4
Total	2 628	3 785	6 135	4 135	**16 683**	- 17,3
1995/1994 %	- 3,2	- 10,1	- 31,7	- 2,8	**- 17,3**	

Bâtiments neufs autres qu'habitation

Source : D.R.E. Bretagne

Unité : millier de m^2

1995	Côtes-d'Armor	Finistère	Ille-et-Vilaine	Morbihan	**Bretagne**	% 1995/1994
Mises en chantier						
Batiments agricoles	448,0	390,0	510,0	355,0	**1 703,0**	- 10,2
Batiments industriels	68,9	86,0	117,0	93,2	**365,1**	1,4
Stockage	59,8	44,0	68,8	42,9	**215,5**	- 9,8
Garage	13,7	16,3	13,3	22,5	**65,8**	6,1
Commerce	36,2	44,0	67,3	24,8	**172,3**	24,9
Enseignement	15,9	23,0	61,9	39,4	**140,2**	- 1,5
Bureaux	16,9	37,8	60,3	22,2	**137,2**	8,4
Autres	76,4	92,2	90,3	45,0	**303,9**	22,7
Total	735,8	733,3	988,9	645,0	**3 103,0**	- 6,3
1995/1994 %	1,3	- 28,6	10,0	- 2,3	**- 6,3**	

Aide au financement - Primes et prêts au logement - Parc social

Sources : D.R.E. Bretagne - Banque de France

Unité : nombre de prêts ou primes

1995	Côtes-d'Armor	Finistère	Ille-et-Vilaine	Morbihan	**Bretagne**	% 1995/1994
Prêts locatifs aidés	276	740	860	512	**2 388**	- 22,3
Prêts accession à la propriété*	429	731	1 317	696	**3 173**	- 36,5
Prêts conventionnés	771	1 996	1 684	1 274	**5 725**	- 13,7
Prêts bancaires à l'amélioration	8 298	15 525	11 948	10 551	**46 322**	1,4
Prêts acquisition amélioration	5 124	9 977	11 002	7 118	**33 221**	- 8,2
Prime amélioration	1 299	1 748	956	1 107	**5 110**	- 14,9
Amélioration Parc Social en MF	6,6	8,5	15,1	3,9	**34,1**	- 39,9

Enseignement préélémentaire ou maternel non obligatoire

Destiné aux enfants de 2 à 5 ans, il est dispensé dans les écoles maternelles et dans les classes ou sections enfantines rattachées à une école primaire.

Enseignement élémentaire ou du 1er degré et spécial

Pour les enfants de 6 à 11 ans, il est donné dans les écoles primaires et comprend 3 cours : cours préparatoire (1 an), cours élémentaire (2 ans), cours moyen (2 ans).
L'enseignement spécial est réservé aux enfants qui, pour des raisons physiques ou psychologiques, ne peuvent recevoir de formation du 1er degré dans des conditions normales.

Enseignement du second degré

Il comprend :
- Un premier cycle de quatre ans (classes de 6ème à 3ème) assuré principalement dans les collèges. Sont incluses les sections d'éducation spécialisées (S.E.S.) ainsi que les effectifs d'Écoles Régionales d'Enseignement Adapté (E.R.E.A) ;
- Deux sortes d'enseignement de second cycle : professionnel (L.P.), général et technologique (Lycées).

L'essentiel du second cycle professionnel conduit, soit aux brevets d'études professionnelles (B.E.P.), soit aux certificats d'aptitude professionnelle (C.A.P.), soit aux baccalauréats professionnels. On y trouve également les classes technologiques (4ème et 3ème).
L'enseignement de second cycle général et technologique dispensé dans les lycées peut être général ou technologique : général, il aboutit principalement à l'une des séries du baccalauréat L, ES, S ; technologique, aux séries STI, STL, STT, SMS.

Population scolaire

Les effectifs pris en compte sont ceux des enseignements - préélémentaire - élémentaire et spécial - sections d'éducation spécialisée - second degré 1er cycle - 2ème cycle professionnel, général et technologique - classes supérieures de lycées.

Pour en savoir plus :

- "Les pôles urbains plus diplômés que le reste du territoire" - Octant n° 65 - Juin 1996 - p. 31-34 ;
- "Les résultats du baccalauréat" - Zoom - Académie de Rennes - Juillet 1996 - 6 p. ;
- L'Éducation nationale en chiffres 1994-1995 - Ministère de l'Éducation Nationale - DEP ;
- "L'état de l'école" - Ministère de l'Éducation Nationale - DEP - 77 p. ;
- "Géographie de l'école" - Ministère de l'Éducation Nationale - Mars 1996 ;
- Repères et références statistiques - Annuaire du Ministère de l'Éducation Nationale - DEP - 339 p. ;
- Note d'information - Ministère de l'Éducation Nationale - DEP - 6 p. ;
- "L'école, les élèves et les parents" - Économie et statistique n° 293 - 164 p. ;
- "Les inégalités devant l'école" - INSEE Première n° 400 - Septembre 1995 - 4 p.

Enseignement du premier degré : écoles

Source : Rectorat d'Académie

		Côtes-d'Armor	Finistère	Ille-et-Vilaine	Morbihan	**Bretagne**
				PUBLIC		
1993-1994	Écoles maternelles	147	235	159	115	**656**
	Écoles primaires	353	364	306	271	**1 294**
1994-1995	Écoles maternelles	142	231	153	114	**640**
	Écoles primaires	353	363	305	269	**1 290**
1995-1996	Écoles maternelles	124	228	149	112	**613**
	Écoles primaires	368	363	306	264	**1 301**
				PRIVÉ		
1993-1994	Écoles maternelles	9	36	44	8	**97**
	Écoles primaires	192	228	285	278	**983**
1994-1995	Écoles maternelles	10	29	37	8	**84**
	Écoles primaires	189	227	282	273	**971**
1995-1996	Écoles maternelles	6	27	32	4	**69**
	Écoles primaires	189	224	276	272	**961**

Enseignement du second degré : établissements

Source : Rectorat d'Académie

1995-1996	Côtes-d'Armor	Finistère	Ille-et-Vilaine	Morbihan	**Bretagne**
			PUBLIC		
Collèges	47	63	56	42	**208**
Lycées professionnels	14	14	13	9	**50**
Lycées	11	19	18	10	**58**
Total	72	96	87	61	**316**
			PRIVÉ		
Collèges	37	60	46	45	**188**
Lycées professionnels	3	7	4	6	**20**
Lycées	16	22	17	13	**68**
Total	56	89	67	64	**276**

Répartition des élèves inscrits dans l'enseignement

Source : Rectorat d'Académie

		Côtes-d'Armor	Finistère	Ille-et-Vilaine	Morbihan	Bretagne
				PUBLIC		
1993-1994	Enseignement préélémentaire	16 571	25 243	25 536	15 997	**83 347**
	Enseignement élémentaire et spécial	24 072	34 761	34 818	22 079	**115 730**
	Second degré 1er cycle	19 685	27 413	29 323	18 787	**95 208**
	Second degré 2ème cycle professionnel	5 144	5 490	6 213	5 281	**22 128**
	Second degré 2ème cycle général et technologique et classes supérieures de lycées	11 365	16 740	19 440	10 539	**58 084**
	*dont : techniciens supérieurs **	*1 203*	*1 516*	*1 775*	*1 086*	***5 580***
	classes préparatoires aux grandes écoles	*244*	*748*	*1 120*	*254*	***2 366***
	Ensemble de la population scolaire	76 837	109 647	115 330	72 683	**374 497**
1994-1995	Enseignement préélémentaire	16 247	24 744	25 465	15 541	**81 997**
	Enseignement élémentaire et spécial	23 926	34 812	34 831	22 007	**115 576**
	Second degré 1er cycle	19 413	27 399	29 435	18 652	**94 899**
	Second degré 2ème cycle professionnel	5 147	5 394	6 105	5 210	**21 856**
	Second degré 2ème cycle général et technologique et classes supérieures de lycées	11 057	16 364	19 150	10 055	**56 626**
	*dont : techniciens supérieurs **	*1 250*	*1 565*	*1 799*	*1 161*	***5 775***
	classes préparatoires aux grandes écoles	*224*	*695*	*1 175*	*202*	***2 296***
	Ensemble de la population scolaire	75 790	108 713	114 986	71 465	**370 954**
1995-1996	Enseignement préélémentaire	15 948	24 391	25 214	15 125	**80 678**
	Enseignement élémentaire et spécial	24 007	34 936	35 033	22 058	**116 034**
	Second degré 1er cycle	18 980	26 985	28 859	18 360	**93 184**
	Second degré 2ème cycle professionnel	5 183	5 384	6 179	5 218	**21 964**
	Second degré 2ème cycle général et technologique et classes supérieures de lycées	10 905	16 379	18 878	10 130	**56 292**
	*dont : techniciens supérieurs **	*1 278*	*1 635*	*1 847*	*1 228*	***5 988***
	classes préparatoires aux grandes écoles	*263*	*815*	*1 201*	*246*	***2 525***
	Ensemble de la population scolaire	75 023	108 075	114 163	70 891	**368 152**
				PRIVÉ sous contrat		
1993-1994	Enseignement préélémentaire	6 828	13 272	14 328	13 337	**47 765**
	Enseignement élémentaire et spécial	11 074	20 646	22 879	21 501	**76 100**
	Second degré 1er cycle	10 854	20 114	21 692	18 396	**71 056**
	Second degré 2ème cycle professionnel	2 497	6 098	4 730	4 427	**17 752**
	Second degré 2ème cycle général et technologique et classes supérieures de lycées	7 332	12 770	12 293	9 498	**41 893**
	*dont : techniciens supérieurs **	...	...	...	...	***4 546***
	classes préparatoires aux grandes écoles	...	...	...	...	***633***
	Ensemble de la population scolaire	38 585	72 900	75 922	67 159	**254 566**
1994-1995	Enseignement préélémentaire	6 671	13 268	14 287	13 288	**47 514**
	Enseignement élémentaire et spécial	11 042	20 444	22 664	21 128	**75 278**
	Second degré 1er cycle	10 713	19 868	21 427	18 372	**70 380**
	Second degré 2ème cycle professionnel	2 592	6 149	4 707	4 597	**18 045**
	Second degré 2ème cycle général et technologique et classes supérieures de lycées	7 294	12 482	12 046	9 395	**41 217**
	*dont : techniciens supérieurs **	...	...	...	...	***4 633***
	classes préparatoires aux grandes écoles	...	...	...	...	***696***
	Ensemble de la population scolaire	38 312	72 211	75 131	66 780	**252 434**
1995-1996	Enseignement préélémentaire	6 651	13 071	14 285	13 057	**47 064**
	Enseignement élémentaire et spécial	11 023	20 250	22 490	20 797	**74 560**
	Second degré 1er cycle	10 410	19 444	20 863	18 064	**68 781**
	Second degré 2ème cycle professionnel	2 426	5 972	4 700	4 347	**17 445**
	Second degré 2ème cycle général et technologique et classes supérieures de lycées	7 118	12 222	11 992	9 394	**40 726**
	*dont : techniciens supérieurs **	*761*	*1 455*	*1 378*	*1 047*	***4 641***
	classes préparatoires aux grandes écoles	*147*	*308*	*312*	*64*	***831***
	Ensemble de la population scolaire	37 628	70 959	74 330	65 659	**248 576**

* Sections de Techniciens Supérieurs (S.T.S.), Formation Complémentaire Sections de Techniciens Supérieurs (F.C.S.T.S.).

Étudiants des Universités de l'Académie de Rennes

Source : Rectorat d'Académie

	1994 - 1995			1995 - 1996 *			
	Rennes I	Haute-Bretagne	Bretagne Occidentale	Rennes I	Haute-Bretagne	Bretagne Occidentale	Bretagne Sud
Institut Universitaire de Technologie	2 630	1 029	2 721	2 853	-	1 952	1 672
Droit et sciences politiques **	5 205	-	2 033	4 808	-	1 967	596
Sciences économiques et gestion ***	2 606	108	709	2 536	-	800	79
Administration Économique et Sociale	1 260	1 372	1 329	1 291	1 760	1 401	252
Lettres et sciences humaines	376	18 357	5 653	426	17 978	6 002	1 246
Sciences	11 298	270	5 914	9 985	191	5 099	1 677
Médecine et biologie	3 112	-	1 444	3 159	-	1 741	-
Pharmacie	1 018	-	-	1 015	-	-	-
Odontologie	253	-	78	347	-	74	-
S.T.A.P.S. ****	-	721	-	-	882	-	-
Total	27 758	22 157	19 881	26 420	20 811	19 036	5 522

* Université de Rennes I : Rennes, Lannion, Saint-Brieuc.
Université de Haute-Bretagne (Rennes II) : Rennes, Saint-Brieuc.
Université de Bretagne Occidentale : Brest, Quimper.
Université de Bretagne Sud : Lorient, Vannes.

** y compris IEP - Institut d'Études Politiques.

*** y compris IGR - Institut de Gestion de Rennes

****STAPS - Sciences et Technologies des Activités Physiques et Sportives.

Étudiants des autres établissements d'enseignement supérieur de l'Académie de Rennes

Sources : Rectorat d'Académie - École Nationale de la Santé Publique

	1993-1994	1994-1995	1995-1996
Ensemble des étudiants	**11 467**	**13 781**	**13 206**
dont :			
École Nationale Supérieure de Sciences Appliquées et de Technologie - Lannion	281	276	308
École Nationale d'Ingénieurs - Brest	614	602	607
*Groupe E.S.C. Bretagne - Brest **	503	542	441
École Supérieure de Commerce - Rennes	428	461	444
Institut National des Sciences Appliquées - Rennes	1 110	1 028	1 030
Institut National Supérieur de Formation Agro-alimentaire - Rennes	183	230	230
École Nationale Supérieure Agronomique - Rennes	527	404	378
École Nationale de la Santé Publique - Rennes	452	452	450
École Nationale Supérieure de Chimie - Rennes	308	296	296
Unité Pédagogique d'Architecture - Rennes	459	475	502
Écoles Militaires Guer-Coëtquidan	1 185	1 205	1 211

* École Supérieure de Commerce de Bretagne, Institut Agro-Alimentaire International et Institut de Logistique

Résultats du baccalauréat par département - Session 1995

Source : Rectorat d'Académie

	Baccalauréat général					Baccalauréat technologique						
	Littéraire	Sciences Économiques et Sociales	Sciences de la Vie et de la Terre	Biologie, Écologie et D'	Technologie	Sciences et Tech. Ind.	Sciences et Tech. de Labo.	Sciences et Tech. Tertiaires	Sciences Médico-Sociales	F11, F11', F12, STAE, STPA	Hôtellerie	Total des séries
	L	ES	S			STI	STL	STT	SMS	autres*		
Côtes-d'Armor												
Présentés	955	976	1 665	90	141	608	35	1 113	275	109	9	5 976
Admis	718	730	1 310	60	116	437	22	922	206	64	1	4 586
% admission	75,2	74,8	78,7	66,7	82,3	71,9	62,9	82,8	74,9	58,7	11,1	76,7
Finistère												
Présentés	1 336	1 609	2 649	60	256	801	87	1 667	382	161	47	9 055
Admis	1 032	1 238	2 225	45	234	592	66	1 377	309	112	32	7 262
% admission	77,2	76,9	84,0	75,0	91,4	73,9	75,9	82,6	80,9	69,6	68,1	80,2
Ille-et-Vilaine												
Présentés	1 664	1 801	2 837	54	257	974	84	1 857	200	132	81	9 941
Admis	1 249	1 424	2 309	42	221	754	72	1 560	158	105	71	7 965
% admission	75,1	79,1	81,4	77,8	86,0	77,4	85,7	84,0	79,0	79,5	87,7	80,1
Morbihan												
Présentés	1 100	1 016	1 734	21	187	573	70	1 177	142	68	-	6 088
Admis	855	819	1 407	13	153	425	61	1 002	122	47	-	4 904
% admission	77,7	80,6	81,1	61,9	81,8	74,2	87,1	85,1	85,9	69,1	-	80,6
Bretagne												
Présentés	**5 055**	**5 402**	**8 885**	**225**	**841**	**2 956**	**276**	**5 814**	**999**	**470**	**137**	**31 060**
Admis	**3 854**	**4 211**	**7 251**	**160**	**724**	**2 208**	**221**	**4 861**	**795**	**328**	**104**	**24 717**
% admission	**76,2**	**78,0**	**81,6**	**71,1**	**86,1**	**74,7**	**80,1**	**83,6**	**79,6**	**69,8**	**75,9**	**79,6**
France Métropolitaine												
% admission	71,7	73,4	78,7	71,9	79,6	67,3	75,0	80,9	74,1	73,0	81,7	75,6

* F11 : Musique option instrument
F11' : Musique option danse
F12 : Arts appliqués
STAE : Sciences et Technologies de l'Agronomie et de l'Environnement
STPA : Sciences et Technologies du Produit Agro-alimentaire.

Diplômes de l'Enseignement technique - Session 1995

Source : Rectorat d'Académie

		Lycées publics	Établis. privés *	Autres origines	Total
Certificat d'aptitude professionnelle	Admis	5 057	4 151	4 081	13 289
	% d'admission	85,7	92,0	63,7	79,0
Brevet d'études professionnelles	Admis	4 515	4 188	1 346	10 049
	% d'admission	76,3	85,1	52,3	74,9
Mention complémentaire	admis	123	116	636	875
	% d'admission	85,4	75,3	55,5	60,6
Brevet professionnel	admis	-	-	446	446
	% d'admission	-	-	-	-
Baccalauréat professionnel	admis	1 389	1 691	438	3 518
	% d'admission	77,1	85,8	54,4	76,9
Brevet de technicien	admis	134	53	4	191
	% d'admission	74,0	85,5	18,2	72,1
Baccalauréat technologique	admis	4 801	3 640	76	8 517
	% d'admission	78,4	83,3	47,2	80,0
Brevet de technicien supérieur	admis	1 831	1 781	522	4 134
	% d'admission	69,3	71,4	41,6	64,7

* Sous contrat d'association ou non

Formation aux professions du secteur sanitaire et social

Sources : D.R.A.S.S. - Enquête écoles de formation

Catégories de personnels	Diplômes délivrés		
	1993	**1994**	**1995**
		Secteur sanitaire	
Sages-femmes	16	22	23
Infirmiers diplômés d'État	464	525	552
Infirmiers en psychiatrie*	95	42	0
Infirmiers de bloc opératoire	20	22	20
Infirmiers anesthésistes	27	23	24
Cadres infirmiers diplômés d'État	20	25	23
Cadres Infirmiers en psychiatrie	19	19	20
Puéricultrices	19	22	25
Auxiliaires de puériculture	72	75	82
Masseurs-kinésithérapeutes	79	79	71
Pédicures	3	26	25
Ergothérapeutes	27	27	31
Manipulateurs en électroradiologie	25	24	25
		Secteur social	
Assistants de service social	32	43	48
Éducateurs spécialisés	86	110	126
Moniteurs éducateurs	52	46	43
Éducateurs techniques spécialisés	14	13	9
Aides médico-psychologiques	105	137	141
Conseillers en économie sociale et familiale	19	23	25
Travailleuses familiales	14	20	26
Educateurs de jeunes enfants	22	26	22
Certificat d'aptitude aux fonctions d'aide à domicile	169	175	159

* La formation d'infirmiers en psychiatrie n'existe plus désormais

Causes de décès

Tout médecin appelé à constater un décès remplit un certificat confidentiel dans lequel il indique généralement la cause de la mort. Suivant un processus qui garantit le secret médical, ce renseignement, à l'aide d'un bulletin de décès anonyme, est porté à la connaissance de l'Institut National (I.N.S.E.R.M.) qui chiffre la cause de décès et établit les statistiques mensuelles des causes de décès. Ces statistiques dressées par département d'enregistrement des décès sont élaborées rapidement et sommairement. Elles sont destinées à suivre de près l'état sanitaire de la population. Elles font l'objet pour la France d'une récapitulation annuelle qui est donnée dans le tableau ci-contre.
Les bulletins de décès sont ensuite transmis à l'Institut National de la Statistique chargé de chiffrer toutes les autres caractéristiques du décédé : sexe, âge, domicile, etc... et d'établir une seconde statistique annuelle détaillée.
La mortalité infantile concerne les décès d'enfants de moins d'un an, non compris les faux mort-nés (enfants nés vivants et décédés avant leur déclaration de naissance). Il est à signaler que les faux mort-nés sont inclus dans la statistique définitive, car, ne donnant pas lieu à l'établissement d'un certificat médical de décès, ils sont comptabilisés parmi les décès de cause inconnue ou non précisée.

Sources D.R.A.S.S.

Le **Fichier National des Établissements sanitaires et sociaux (FINESS)** est la principale source d'information sur les équipements des établissements. tenu par les directions départementales et régionales des affaires sanitaires et sociales, il permet une identification précise des établissements, recense les lits et places autorisées et installées par discipline, et les équipements lourds de chaque structure.
La nouvelle **statistique annuelle auprès des établissements de santé (SAE)** est commune aux secteurs public et privé.
Les **enquêtes auprès des établissements de santé, H 80** pour le secteur public et EHP pour le privé, sont annuelles. Elles nous informent sur les diverses activités et le personnel de ces établissements d'hospitalisation.
L'**enquête sur les établissements pour personnes âgées, (EHPA)** présente le nombre de lits, l'activité, le personnel et la clientèle de ces structures. Elle est bisannuelle.
L'**enquête des établissements et services accueillant des jeunes ou des adultes handicapés ou en difficulté, (ES)**, réalisée tous les 2 ans en alternance avec EHPA, donne des informations sur le nombre de lits et de places installés, l'activité, le personnel et permet de connaître la clientèle de ces diverses structures.
Le **répertoire ADELI** recense l'ensemble des professions de santé réglementés par le code de la santé, de la famille et de l'aide sociale.

Pour en savoir plus :

- Statistiques "Santé - affaires sociales" - Mémento 199 - Bretagne - D.R.A.S.S. - 37 p. ;
- "L'offre de soins en Bretagne : démographie des professions de santé - Panorama de l'activité en 1995 - CRAM de Bretagne - 51 p. ;
- Statistiques Santé - Affaires sociales - Mémento 1995 des régions françaises - D.R.A.S.S. - SESI - Mai 1996 - 64 p. ;
- Annuaire des statistiques sanitaires et sociales 1996 - Ministère des Affaires sociales, de la santé et de la ville - 357 p. ;
- Comptes nationaux de la santé - rapport Juillet 1996 - 129 p.

Mortalité infantile

Source : I.N.S.E.R.M.

1993	Côtes-d'Armor	Finistère	Ille-et-Vilaine	Morbihan	**Bretagne**	France
Anomalies congénitales de l'appareil circulatoire	5	5	7	2	**19**	524
Autres anomalies congénitales	0	2	3	4	**9**	484
Anoxie* et affections respiratoires	4	2	15	5	**26**	670
Autres affections de la période périnatale	2	13	7	5	**27**	638
Causes extérieures de traumatismes, empoisonnements	3	1	2	1	**7**	185
Symptômes, signes, états morbides mal définis	3	5	9	7	**24**	685
Autres causes	10	27	10	18	**65**	1 418
Toutes causes	27	55	53	42	**177**	4 604

* Diminution de la quantité d'oxygène dans le sang distribué aux tissus : *anoxie néonatale*

Causes de décès

Source : I.N.S.E.R.M.

1993	Côtes-d'Armor	Finistère	Ille-et-Vilaine	Morbihan	**Bretagne**	France
Maladies infectieuses et parasitaires	92	168	117	117	**494**	11 803
dont : SIDA et infections par V.I.H.**	*17*	*34*	*25*	*28*	***104***	*4 549*
Tumeurs	1 736	2 644	1 925	1 829	**8 134**	146 464
Maladies endocrinologiques	111	200	150	152	**613**	13 538
Troubles mentaux	224	312	154	199	**889**	12 919
dont : alcoolisme	*65*	*81*	*30*	*68*	***244***	*2 614*
Maladies du système nerveux et des organes des sens	109	203	135	113	**560**	11 593
Maladies de l'appareil circulatoire	2 207	3 194	2 212	2 163	**9 776**	174 121
Maladies de l'appareil respiratoire	594	830	600	602	**2 626**	40 377
Maladies de l'appareil digestif	281	493	355	339	**1 468**	26 153
dont : cirrhose	*115*	*178*	*140*	*134*	***567***	*8 790*
Maladies des organes génito-urinaires	71	112	66	92	**341**	7 333
Causes externes	636	917	708	637	**2 898**	46 716
dont : suicides	*204*	*278*	*221*	*217*	***920***	*12 251*
Autres causes	392	556	426	425	**1 799**	41 246
Toutes causes	6 453	9 629	6 848	6 668	**29 598**	532 263

* SIDA : acronyme de Syndrome d'Immunodéficience Acquise
V.I.H. : Virus de l'Immunodéficience Humaine.

Causes de décès selon le sexe et l'âge

Source : I.N.S.E.R.M.

1993	moins 25 ans	25 à 34	35 à 44	45 à 54	55 à 64	65 à 74	75 à 84	85 ans et +	Total
Hommes									
Maladies infectieuses et parasitaires	8	35	36	18	29	50	76	38	**290**
dont : SIDA et infections par V.I.H.**	*1*	*31*	*31*	*11*	*6*	*5*	*0*	*0*	***85***
Tumeurs	28	12	156	448	1 167	1 685	1 196	444	**5 136**
Maladies endocrinologiques	8	6	8	11	31	46	68	70	**248**
Troubles mentaux	3	9	45	57	54	67	83	79	**397**
dont : alcoolisme	*0*	*4*	*38*	*52*	*43*	*46*	*9*	*2*	***194***
Maladies du système nerveux et des organes des sens	10	12	20	16	29	80	81	26	**274**
Maladies de l'appareil circulatoire	11	19	66	133	441	1 115	1 572	1 066	**4 423**
Maladies de l'appareil respiratoire	6	8	11	24	95	249	516	401	**1 310**
Maladies de l'appareil digestif	7	9	52	120	177	236	158	95	**854**
dont : cirrhose	*1*	*5*	*40*	*95*	*128*	*127*	*34*	*3*	***433***
Maladies des organes génito-urinaires	0	0	2	2	6	38	62	59	**169**
Causes externes	215	244	287	243	246	235	225	147	**1 842**
dont : suicides	*63*	*126*	*144*	*105*	*103*	*82*	*64*	*18*	***705***
Autres causes	108	15	25	37	66	99	197	170	**717**
Toutes causes	404	369	708	1 109	2 341	3 900	4 234	2 595	**15 660**
Femmes									
Maladies infectieuses et parasitaires	3	12	7	5	6	27	70	74	**204**
dont : SIDA et infections par V.I.H.**	*1*	*11*	*5*	*1*	*1*	*0*	*0*	*0*	***19***
Tumeurs	14	26	80	181	409	765	824	699	**2 998**
Maladies endocrinologiques	3	1	4	4	10	35	131	177	**365**
Troubles mentaux	0	6	9	19	22	46	130	260	**492**
dont : alcoolisme	*0*	*2*	*8*	*16*	*11*	*9*	*2*	*2*	***50***
Maladies du système nerveux et des organes des sens	9	4	9	6	28	57	94	79	**286**
Maladies de l'appareil circulatoire	7	11	26	37	140	576	1 838	2 718	**5 353**
Maladies de l'appareil respiratoire	3	3	3	5	51	138	427	686	**1 316**
Maladies de l'appareil digestif	1	2	18	43	53	91	176	230	**614**
dont : cirrhose	*0*	*1*	*14*	*33*	*39*	*30*	*15*	*2*	***134***
Maladies des organes génito-urinaires	0	1	2	3	7	10	54	95	**172**
Causes externes	65	53	90	76	88	123	255	306	**1 056**
dont : suicides	*16*	*32*	*42*	*32*	*23*	*38*	*26*	*6*	***215***
Autres causes	69	3	6	18	32	80	259	615	**1 082**
Toutes causes	174	122	254	397	846	1 948	4 258	5 939	**13 938**

* SIDA : acronyme de Syndrome d'Immunodéficience Acquise
V.I.H. : Virus de l'Immunodéficience Humaine.

Le court séjour hospitalier

Source : D.R.A.S.S. - SAE 1994

Lits publics et privés installés au 1er janvier 1995	Côtes-d'Armor	Finistère	Ille-et-Vilaine	Morbihan	**Bretagne**
Hospitalisation complète - Secteur public					
Médecine	1 119	1 522	1 404	1 129	**5 174**
Chirurgie	567	769	858	507	**2 701**
Gynécologie-obstétrique	152	214	234	167	**767**
Hospitalisation complète - Secteur privé					
Médecine	64	133	334	106	**637**
Chirurgie	434	786	669	509	**2 398**
Gynécologie-obstétrique	96	160	151	126	**533**
Hospitalisation complète - Ensemble					
Médecine	1 183	1 655	1 738	1 235	**5 811**
Chirurgie	1 001	1 555	1 527	1 016	**5 099**
Gynécologie-obstétrique	248	374	385	293	**1 300**
Total court séjour	2 432	3 584	3 650	2 544	**12 210**

Soins de suite et de réadaptation

Source : D.R.A.S.S. - SAE 1994

Lits et places publics et privés installés au 1er janvier 1995	Côtes-d'Armor	Finistère	Ille-et-Vilaine	Morbihan	**Bretagne**
Hospitalisation complète - secteur public					
Rééducation fonctionnelle et réadaptation	271	105	161	56	**593**
Autres soins de suite	184	810	428	560	**1 982**
Hospitalisation complète - secteur privé					
Rééducation fonctionnelle et réadaptation	8	507	243	289	**1 047**
Autres soins de suite	214	664	547	336	**1 761**
Hospitalisation complète - Ensemble					
Rééducation fonctionnelle et réadaptation	279	612	404	345	**1 640**
Autres soins de suite	398	1 474	975	896	**3 743**
Hospitalisation de jour (public + privé)					
Rééducation fonctionnelle et réadaptation	24	113	124	47	**308**
Autres soins de suite	1	30	66	5	**102**
Total soins de suite et de réadaptation	702	2 229	1 569	1 293	**5 793**

Accueil des personnes âgées

Sources : D.R.A.S.S. - enquête EHPA - FINESS - SAE 1994

Lits publics et privés installés au 1er janvier 1995	Côtes-d'Armor	Finistère	Ille-et-Vilaine	Morbihan	Bretagne
Hébergement permanent					
Maison de retraite					
Nombre d'établissements	44	74	76	60	**254**
Nombre de lits	3 595	6 519	6 394	4 377	**20 885**
dont section de cure médicale	*1 405*	*2 663*	*1 917*	*1 513*	***7 498***
Logement foyer					
Nombre d'établissements	83	55	65	68	**271**
Nombre de logements	3 935	3 051	2 803	3 306	**13 095**
dont section de cure médicale	*100*	*288*	*116*	*146*	***650***
Hébergement temporaire					
Nombre de lits	248	387	152	90	**877**
Services de soins à domicile					
Nombre de services	34	28	22	21	**105**
Nombre de places	1 221	1 220	853	596	**3 890**
Soins de longue durée, long séjour					
Nombre de lits	1 463	1 644	1 563	1 250	**5 920**

La psychiatrie

Source : D.R.A.S.S. - SAE 1994

Lits et places publics et privés installés au 1er janvier 1995	Côtes-d'Armor	Finistère	Ille-et-Vilaine	Morbihan	**Bretagne**
Secteur public					
Psychiatrie infanto-juvénile					
Nombre de lits	-	56	46	18	**120**
Nombre de places hospitalisation jour et nuit	-	127	170	195	**492**
Psychiatrie générale (adulte)					
Nombre de lits	-	1 365	1 202	949	**3 516**
Nombre de places hospitalisation jour et nuit	-	320	440	390	**1 150**
Secteur privé					
Psychiatrie infanto-juvénile					
Nombre de lits	23	-	-	-	**23**
Nombre de places hospitalisation jour et nuit	66	-	-	-	**66**
Psychiatrie générale (adulte)					
Nombre de lits	2 207	249	165	377	**2 998**
Nombre de places hospitalisation jour et nuit	221	12	60	1	**294**
Ensemble					
Psychiatrie infanto-juvénile					
Nombre de lits	23	56	46	18	**143**
Nombre de places hospitalisation jour et nuit	66	127	170	195	**558**
Psychiatrie générale (adulte)					
Nombre de lits	2 207	1 614	1 367	1 326	**6 514**
Nombre de places hospitalisation jour et nuit	221	332	500	391	**1 444**

Accueil des adultes handicapés

Source : D.R.A.S.S. - enquête ES - FINESS

Lits publics et privés installés au 1er janvier 1995		Côtes-d'Armor	Finistère	Ille-et-Vilaine	Morbihan	**Bretagne**
Établissements d'hébergement						
Foyer d'hébergement	nbre étab.	11	30	18	11	**70**
	nbre lits	566	835	520	505	**2 426**
Maison accueil spécialisée	nbre étab.	2	1	1	3	**7**
	nbre lits	116	33	48	90	**287**
Foyer occupationnel	nbre lits	237	478	488	195	**1 398**
Foyer à double tarification	nbre lits	67	160	59	120	**406**
Établissements de travail protégé						
Centre aide par le travail	nbre étab.	10	34	22	18	**84**
	nbre places	799	1 430	1 420	915	**4 564**
Atelier protégé	nbre étab.	9	11	4	6	**30**
	nbre places	288	334	330	251	**1 203**
Établissements et services de réinsertion professionnelle						
	nbre étab.	1	1	7	-	**9**
	nbre places	32	20	267	-	**319**
Autres et expérimentaux	nbre places	107	56	291	-	**454**

Hébergement et réadaptation sociale

Source : D.R.A.S.S. - enquête ES - FINESS

Lits, places installés au 1er janvier 1995	Côtes-d'Armor	Finistère	Ille-et-Vilaine	Morbihan	Bretagne
Établissements pour adultes et familles en difficulté					
Centre d'hébergt et réadaptation sociale y compris Centre d'Accueil pour Demandeur d'Asile (CADA)	66	271	627	246	**1 210**
Autres	30	144	80	16	**270**

Accueil enfance et jeunesse handicapées

Source : D.R.A.S.S. - enquête ES - FINESS

Lits publics et privés installés au 1er janvier 1995		Côtes-d'Armor	Finistère	Ille-et-Vilaine	Morbihan	**Bretagne**
Déficients mentaux	nbre établissements	10	17	19	10	**56**
	nbre lits	616	1 145	1 267	712	**3 740**
Polyhandicapés	nbre établissements	3	1	1	3	**8**
	nbre lits	36	20	24	144	**224**
Troubles comport.	nbre établissements	1	5	3	2	**11**
	nbre lits	65	98	102	42	**307**
Handicapés moteurs	nbre établissements	1	1	2	-	**4**
	nbre lits	51	64	74	-	**189**
Déficients sensoriels	nbre établissements	2	2	9	1	**14**
	nbre lits	196	27	314	150	**687**
S.S.E.S.D.*	nbre places	294	309	250	116	**969**
Autres et expérimentaux	nbre places	7	16	44	25	**92**

* Service de soins et d'éducation spécialisée à domicile

Protection de l'enfance par catégorie d'établissement

Source : D.R.A.S.S. - enquête ES - FINESS

Lits, places installés au 1er janvier 1995	Côtes-d'Armor	Finistère	Ille-et-Vilaine	Morbihan	**Bretagne**
Établissements aide sociale à l'enfance					
Établissement d'accueil mère-enfant	23	68	33	16	**140**
Pouponnière à caractère social	12	-	-	24	**36**
Foyer de l'enfance	78	173	86	41	**378**
Maison d'enfants à caractère social	117	374	452	517	**1 460**
Centre de placement familial social	-	110	200	160	**470**
Autres					
Établissements du Ministère de la justice pour mineurs	44	591	666	415	**1 716**
Autres et expérimentaux	-	8	-	-	**8**

Garde des enfants d'âge pré-scolaire

Source : FINESS - statistiques départementales

Lits, places installés au 1er janvier 1995	Côtes-d'Armor	Finistère	Ille-et-Vilaine	Morbihan	**Bretagne**
Crèches collectives et familiales	734	1 260	1 711	739	**4 444**
Crèches parentales	-	293	233	12	**538**
Haltes garderies	170	342	558	457	**1 527**
Haltes garderies parentales	22	131	561	22	**736**
Garderies et jardins d'enfants	1 013	-	-	-	**1 013**

Établissements pharmaceutiques au 1er janvier 1995

Source : D.R.A.S.S. - Inspection Régionale de la Pharmacie

Catégorie d'établissement	Côtes-d'Armor	Finistère	Ille-et-Vilaine	Morbihan	**Bretagne**
Officines	225	360	330	261	**1 176**
Pharmacies mutualistes	-	1	-	1	**2**
Pharmacies d'usage d'intérieur	26	39	38	32	**135**
dont : établissements publics	*9*	*14*	*17*	*16*	***56***
établissements privés	*17*	*25*	*21*	*16*	***79***
Laboratoires privés d'analyse et de biologie-médicale	24	42	58	31	**155**
Laboratoires hospitaliers de biologie	6	12	19	5	**42**
Laboratoires annexés à l'officine	-	-	1	1	**2**
Laboratoires de fabrication					
- De médicaments humains	1	4	4	1	**10**
- De médicaments ou aliments vétérinaires	33	10	41	19	**103**
- De produits cosmétiques *	16	1	16	14	**47**
Grossistes et dépositaires					
- De médicaments humains	3	5	3	4	**15**
- De médicaments vétérinaires	3	2	7		**12**
Médecins propharmaciens	1	2	2	2	**7**

* dont 15 annexés à une officine.

Effectifs des professionnels de santé

exerçant à titre libéral ou salarié en activité au 1er janvier 1996

Source : D.R.A.S.S. - ADELI

	Côtes-d'Armor	Finistère	Ille-et-Vilaine	Morbihan	Bretagne
Médecins	1 229	2 210	2 420	1 556	**7 415**
dont : médecins généralistes	*688*	*1 109*	*1 201*	*881*	***3 879***
médecins spécialistes	*541*	*1 101*	*1 219*	*675*	***3 536***
Chirurgiens dentistes	354	565	572	429	**1 920**
Pharmaciens	461	629	746	462	**2 298**
dont titulaires d'officine	*258*	*391*	*366*	*294*	***1 309***
Sages femmes	116	135	159	119	**529**
Infirmiers diplômés d'État et autorisés	2 300	4 950	4 005	2 788	**14 043**
Infirmiers de secteur psychiatrique	975	1 430	903	1 393	**4 701**
Masseurs kinésithérapeutes	430	767	585	516	**2 298**
Orthophonistes	88	123	144	86	**441**
Orthoptistes *	19	20	28	13	**80**

* Auxiliaire médical spécialiste d'orthoptie (branche de l'ophtalmologie qui traite les défauts de la vision binoculaire)

Médecins spécialistes selon le secteur et la spécialité au 1er Janvier 1996

Source : D.R.A.S.S. - ADELI

Spécialités exercées	Côtes-d'Armor		Finistère		Ille-et-Vilaine		Morbihan		**Bretagne**	
	Libéraux	Salariés exclusifs	Libéraux	Salariés exclusifs	Libéraux	Salariés exclusifs	Libéraux	Salariés exclusifs	Libéraux	Salariés exclusifs
Spécialités médicales	**181**	**110**	**327**	**293**	**321**	**369**	**227**	**155**	**1 056**	**927**
dont :										
Anesthésie-réanimation	*24*	*34*	*39*	*83*	*35*	*110*	*25*	*46*	***123***	***273***
Cardiologie	*23*	*2*	*46*	*17*	*34*	*24*	*27*	*8*	***130***	***51***
Dermato-vénérologie	*17*	*1*	*33*	*3*	*38*	*3*	*23*	-	***111***	***7***
Gynécologie médicale	*8*	-	*7*	-	*9*	-	*9*	*1*	***33***	***1***
Maladies de l'appareil digestif	*15*	*8*	*26*	*8*	*23*	*20*	*18*	*6*	***82***	***42***
Pédiatrie	*17*	*8*	*32*	*34*	*39*	*39*	*21*	*14*	***109***	***95***
Radiologie	*21*	*14*	*55*	*27*	*61*	*37*	*43*	*17*	***180***	***95***
Rhumatologie	*18*	*1*	*28*	*10*	*27*	*11*	*22*	*1*	***95***	***23***
Spécialités chirurgicales	**88**	**50**	**192**	**66**	**185**	**86**	**115**	**57**	**580**	**259**
dont :										
Chirurgie générale	*9*	*18*	*24*	*17*	*16*	*17*	*11*	*19*	***60***	***71***
Gynécologie-obstétrique	*23*	*17*	*42*	*17*	*37*	*24*	*30*	*17*	***132***	***75***
Ophtalmologie	*30*	*2*	*57*	*5*	*63*	*4*	*36*	*4*	***186***	***15***
Oto-rhino-laryngologie	*16*	*3*	*28*	*6*	*21*	*8*	*17*	*4*	***82***	***21***
Stomatologie	*1*	-	*13*	-	*13*	-	*8*	-	***35***	-
Psychiatrie	**21**	**50**	**65**	**71**	**80**	**77**	**41**	**56**	**207**	**254**
Biologie médicale	**7**	**6**	**16**	**21**	**21**	**30**	**11**	**3**	**55**	**60**
Médecine du travail, santé publique	-	**28**	-	**50**	-	**50**	-	**10**	-	**138**
Ensemble des spécialités	297	244	600	501	607	612	394	281	1 898	**1 638**

Juridictions de l'ordre judiciaire.

- **Tribunaux d'instance :** au plan civil, ils sont compétents notamment pour toutes les affaires mettant en jeu des sommes inférieures à 30 000 F. Au plan pénal, ils connaissent des infractions qualifiées contraventions (tribunaux de police).
- **Tribunaux de grande instance :** ils connaissent en matière civile de toutes les affaires ne relevant pas expressément d'une autre juridiction (loi 311-2 du code d'organisation judiciaire). Au plan pénal, ils connaissent des infractions qualifiées délits (tribunaux correctionnels).
- **Cours d'assises** *:* elles connaissent les crimes.
- **Cours d'appel :** les jugements rendus en matière correctionnelle ou en matière de police (lorsqu'une peine d'emprisonnement a été prononcée ou lorsque la peine encourue excède cinq jours d'emprisonnement) peuvent être attaqués devant la cour d'appel. Le ministère public et toutes les parties ont dix jours francs à partir du prononcé du jugement en première instance pour interjeter l'appel.
- **Cour de cassation :** elle contrôle la légalité de la décision en vérifiant si les règles de droit ont été correctement appliquées. Elle ne procède pas à un nouvel examen des faits mais fixe le sens dans lequel doit être appliquée la règle de droit.

Les juridictions

Source : annuaire statistique de la Justice

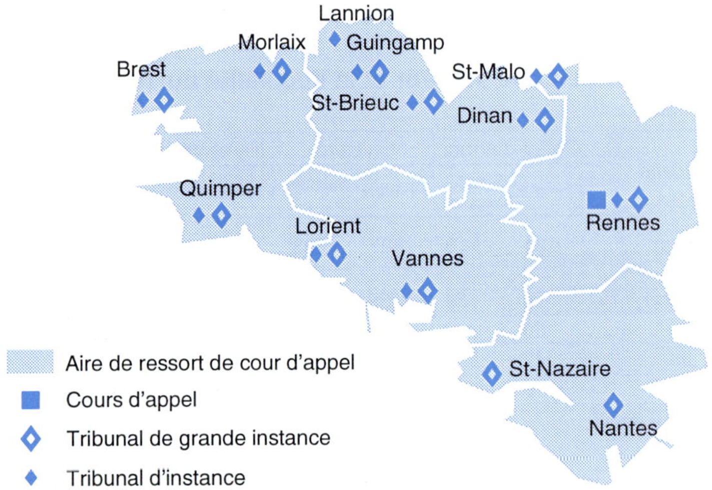

Pour en savoir plus :

- Les chiffres-clés de la Justice - Service de l'information et de la communication - Ministère de la Justice - Octobre 1995 ;
- Rapport annuel d'activité de l'Administration pénitentiaire - Ministère de la Justice - La documentation française.

Infractions, crimes, délits et contraventions constatés

Source : Ministère de la Justice

1993	Côtes-d'Armor	Finistère	Ille-et-Vilaine	Morbihan	**Bretagne**	France
Crimes	31	30	27	23	**111**	2 661
Total Délits	4 717	8 159	5 872	6 837	**25 585**	448 840
dont Vol, recel	*919*	*1 729*	*1 247*	*1 334*	***5 229***	*140 948*
Circulation routière	*2 699*	*4 360*	*2 756*	*4 096*	***13 911***	*119 330*
Chèque, escroquerie	*119*	*232*	*172*	*189*	***712***	*21 473*
Coups et blessures	*304*	*564*	*492*	*448*	***1 808***	*39 943*
Stupéfiants	*64*	*190*	*120*	*92*	***466***	*22 530*
Total Contraventions	618	1 124	704	719	**3 165**	96 931
dont Circulation routière	*222*	*456*	*274*	*136*	***1 088***	*40 605*
Coups et blessures	*207*	*365*	*253*	*301*	***1 126***	*33 690*
ENSEMBLE	5 366	**9 313**	**6 603**	**7 579**	**28 861**	548 432

Activité 1994 par ressort de tribunal d'instance

Source : Ministère de la Justice

	Population 1990	**Affaires civiles**				**Affaires pénales**			
		Nouvelles	Terminées			Amendes forfaitaires majorées	Ordonnances pénales	Jugements	
			Total	*dont jugements au fond*	Durée moyenne en mois			Total	*dont 5e classe*
France entière	58 073 553	517 154	509 410	*397 074*	5,1	12 230 299	872 983	362 850	*85 535*
Brest	342 050	2 177	1 833	*1 359*	6,6	64 374	3 222	905	*326*
Dinan	101 395	565	634	*527*	7,3	1 001	666	510	*177*
Guingamp	79 236	451	429	*360*	5,9	821	247	612	*120*
Lannion	91 357	464	505	*462*	4,4	1 650	311	555	*147*
Lorient	203 340	1681	1 612	*1 317*	3,6	6 150	1 785	733	*244*
Morlaix	144 729	863	834	*691*	5,7	4 388	1 199	865	*219*
Quimper	232 714	1 751	1 632	*1 228*	4,6	13 434	1 372	859	*317*
Rennes	383 295	2 123	1765	*1 367*	5,3	45 003	5 132	1 300	*336*
St-Brieuc	209 550	1 683	1 592	*1 263*	4,3	11 911	1 073	856	*188*
St-Malo	134 965	983	966	*791*	4,4	11 798	3 320	530	*216*
Vannes	258 506	1 157	1 194	*953*	3,9	9 574	1 953	858	*266*

Activité 1994 par ressort de tribunal de grande instance

Source : Ministère de la Justice

	Population 1990	Affaires civiles				Affaires pénales			
		Nouvelles	Terminées			Parquet		Tribunaux correctionnels	
			Total	*dont divorces prononcés*	Durée moyenne en mois	Plaintes, procès-verbaux parvenus	Poursuites devant le juge d'instruction	Affaires nouvelles	Jugements rendus
France entière	58 073 553	658 042	610 234	*116 072*	8,9	5 399 740	49 515	412 558	418 924
Brest	342 050	2 449	2 399	*643*	7,3	21 365	306	3 419	2 927
Dinan	101 395	1 022	873	*123*	9,0	4 437	45	793	678
Guingamp	170 593	1 276	1 324	*247*	8,4	8 178	66	1 252	1 237
Lorient	361 332	2 923	2 534	*466*	8,9	21 241	203	4 126	4 032
Morlaix	144 729	990	878	*187*	6,5	6 507	84	1796	1528
Quimper	351 908	2 451	2 450	*530*	10,3	17 645	182	3 177	3 692
Rennes	663 753	5 703	5 417	*946*	7,2	36 517	465	186	4 058
St-Brieuc	266 407	2 140	2 004	*376*	9,2	17 679	186	2 585	2 064
St-Malo	134 965	1 280	1 106	*282*	7,6	10 278	127	1 247	1 258
Vannes	258 506	2 142	1 897	*377*	6,7	11 887	164	2 157	2 225

Activité 1994 par ressort de cour d'appel

Source : Ministère de la Justice

	France entière	Rennes
Population 1990	58 073 553	3 847 821
Affaires civiles		
- Nouvelles	218 880	8 814
-Terminées	187 246	7 091
dont arrêts	*126 920*	*5 270*
infirmations	*30 723*	*1 118*
Durée moyenne en mois	13,7	14,5
Affaires pénales - Arrêts		
- Chambre des appels correctionnels	37 719	1 125
- Chambre d'accusation	29 164	933
dont arrêts sur mesures de sûreté	*20 226*	*568*
Cours d'assises - Arrêts en matière pénale	2 127	117

Emploi Revenus

EMPLOI REVENUS

POPULATION ACTIVE

Population active occupée

La population active occupée comprend l'ensemble des personnes qui habitent en Bretagne et qui ont un emploi, quel que soit leur lieu de travail. Il s'agit ainsi de l'emploi au lieu de résidence.
L'effectif des emplois au lieu de résidence n'est pas le même que celui des emplois au lieu de travail publié par ailleurs dans ce même document (voir rubrique "emploi"). Le rapport entre les deux est issu du recensement de 1990.
En Bretagne, les emplois selon le lieu de travail sont moins nombreux que les emplois selon le lieu de résidence. Ceci signifie qu'il y a plus de Bretons à aller travailler en dehors de la Bretagne, que de non-Bretons à venir travailler dans la région.
Conformément aux règles du BIT (Bureau International du Travail), la population active occupée inclut également les militaires du contingent.

Chômeurs

La définition est celle du BIT.
La mesure du nombre de chômeurs est effectuée dans un premier temps au plan national à l'aide de l'enquête "emploi". Dans un deuxième temps, ce chiffre est régionalisé et départementalisé grâce aux statistiques de l'ANPE.
Les niveaux de chômage indiqués ci-contre correspondent à un nombre de chômeurs en fin d'année corrigé des variations saisonnières.

Population active

C'est le total de la population active occupée et des chômeurs.

Population totale

C'est le total des personnes actives et inactives.
Pour l'estimation voir en rubrique "Démographie".

Pour en savoir plus :

- "Migrations d'actifs : ailleurs, l'herbe n'est plus aussi verte" - Octant n° 63 - Novembre 1995 - p. 9-11.
- "Chômage et emploi en mars 1995 : premiers résultats de l'enquête sur l'emploi" - INSEE Première n° 467 - Juin 1996 - 4 p. ;
- "L'évolution sociale de la population active" - INSEE Première n° 434 - Mars 1996 - 4 p. ;
- "Enquête sur l'emploi de 1995 : résultats détaillés" - INSEE Résultats - Emploi-Revenus - n° 101-102 - 1996 - 188 p. ;
- "La population active : facteurs d'évolution et perspectives" - La société française : Données sociales 1996 - INSEE 1996 - p. 110-116.

Population active, population totale, taux de chômage et taux d'activité

		Côtes-d'Armor	Finistère	Ille-et-Vilaine	Morbihan	**Bretagne**
	31.12.1993*	190 602	304 197	327 865	229 910	**1 052 574**
Population active occupée	31.12.1994*	191 792	306 366	332 692	233 172	**1 064 022**
	31.12.1995*	193 349	308 859	335 407	235 058	**1 072 674**
	31.12.1993*	24 422	38 926	39 290	30 993	**133 631**
Chômeurs	31.12.1994*	24 168	28 282	38 078	31 034	**131 562**
	31.12.1995*	23 602	37 902	38 180	31 272	**130 955**
	31.12.1993*	215 024	343 123	367 155	260 903	**1 186 205**
Population active	31.12.1994*	215 960	344 648	370 770	264 206	**1 195 584**
	31.12.1995*	216 951	346 761	373 587	266 330	**1 203 629**
	31.12.1993*	540 607	840 411	824 055	631 129	**2 836 202**
Population totale	31.12.1994*	540 963	839 843	831 920	633 006	**2 845 732**
	31.12.1995*	541 071	839 864	838 908	635 514	**2 855 356**
	31.12.1993*	11,4	11,3	10,7	11,9	**11.3**
Taux de chômage	31.12.1994*	11,2	11,1	10,3	11,7	**11.0**
	31.12.1995*	10,9	10,9	10,2	11,7	**10.9**
	31.12.1993*	39,8	40,8	44,6	41,3	**41.8**
Taux d'activité	31.12.1994*	39,9	41,0	44,6	41,7	**42.0**
	31.12.1995*	40,1	41,3	44,5	41,9	**42.2**

* toutes ces données sont des estimations sujettes à révision périodique.

Estimations d'emploi

Les données issues des recensements de population constituent la base des séries d'estimations d'emploi. Les séries annuelles publiées entre deux recensements sont une actualisation de ces données. Cette actualisation consiste à calculer des indices d'évolution des effectifs par secteur d'activité à partir de différentes sources couvrant le champ de l'emploi salarié d'une part, de l'emploi non salarié d'autre part. Parmi celles-ci, les principales sont :

- les statistiques issues des bordereaux de recouvrement des cotisations URSSAF ;
- les enquêtes auprès des collectivités territoriales et des établissements publics ;
- les statistiques issues du fichier paye des agents de l'État ;
- les statistiques de la Mutualité Sociale Agricole ;
- les statistiques relatives aux inscrits maritimes ;
- les statistiques issues des organismes de retraite complémentaire.

Les indices calculés pour une année n, appliqués aux niveaux du 31 décembre de l'année n -1, donnent l'estimation au 31 décembre de l'année n. Les sources d'actualisation sont donc utilisées uniquement en évolution et non en niveau. Par ailleurs, elles ne sont disponibles qu'au lieu de travail. Les estimations annuelles d'emploi sont donc établies au lieu de travail et non au lieu de résidence.

Les séries publiées ci-après sont basées sur le recensement de 1990. Ce dernier a été recodifié dans la Nomenclature d'Activités Française (NAF), en vigueur depuis le 1er janvier 1993. Les séries d'emploi ont été recalculées en NAF depuis le 31 décembre 1989 pour la France, les régions et les départements et le seront prochainement pour les zones d'emploi bretonnes. Les regroupements de la NAF en 16 et 36 postes constituent la **NES**, nomenclature économique de synthèse.

Pour en savoir plus :

- "1995 : poursuite de la croissance de l'emploi salarié privé" - Octant n° 66 - Août 1996 - p. 9-12 ;
- "L'emploi privé continue de se déployer sur tout le territoire" - Octant n° 65 - Juin 1996 - p. 17-22 ;
- "Enquête sur l'emploi de 1995" - INSEE Résultats - Emploi-revenus - n° 101-102 - Mars 1996 - 203 p. ;
- "Structure des emplois au 31.12.1993" - INSEE Résultats - Emploi-revenus - n° 104 - Mars 1996 - 147 p.

Emploi salarié : Bretagne

	31.12. 1993	31.12. 1994	31.12. 1995	Variation 1995-1994
Agriculture, Sylviculture, pêche	**21 783**	**22188**	**23 864**	**+ 1 676**
Industrie	**175 071**	**177 500**	**179 462**	**+ 1 962**
Industries agricoles et alimentaires	55 469	56 928	57 463	+ 535
Habillement, cuir	6 819	6 542	6 293	- 249
Édition, imprimerie, reproduction	6 795	7 001	7 144	+ 143
Pharmacie, parfumerie et entretien	3 745	3 760	3 713	- 47
Industries des équipements du foyer	7 090	7 022	6 970	- 52
Industrie automobile	13 026	12 717	12 497	- 220
Construction navale, aéronautique et ferroviaire	12 831	12 480	12 429	- 51
Industries des équipements mécaniques	11 429	11 596	12 030	+ 434
Industries des équipements électriques et électroniques	14 337	14 615	14 891	+ 276
Industries des produits minéraux	7 006	6 952	6 898	- 54
Industrie textile	1 263	1 307	1 298	- 9
Industries du bois et du papier	6 845	6 872	7 060	+ 188
Chimie, caoutchouc, plastiques	9 644	9 901	10 166	+ 265
Métallurgie et transformation des métaux	9 721	10 219	10 740	+ 521
Industries des composants électriques et électroniques	3 295	3 914	4 183	+ 269
Production de combustibles et carburants	59	59	78	+ 19
Eau, gaz, électricité	5 697	5 615	5 609	- 6
Construction	**49 807**	**51 032**	**51 504**	**+ 472**
Tertiaire	**587 351**	**598 276**	**610 673**	**+ 12 397**
Commerce et réparation automobile	16 464	16 819	17 210	+ 391
Commerce de gros	37 266	37 486	38 540	+ 1 054
Commerce de détail et réparations	52 993	53 767	55 176	+ 1 409
Transports	32 978	33 736	34 632	+ 896
Activités financières	22 215	22 319	22 177	- 142
Activités immobilières	4 761	4 933	4 977	+ 44
Postes et télécommunications	22 291	22 342	22 197	- 145
Conseils et assistance	22 641	23 697	24 919	+ 1222
Services opérationnels	21 358	23 885	27 443	+ 3 558
Recherche et développement	3 602	3 864	3 903	+ 3
Hotels et restaurants	24 759	24 972	25 311	+ 339
Activités récréatives culturelles et sportives	8 190	8 086	8 133	+ 47
Services personnels et domestiques	19 924	20 468	21 113	+ 645
Éducation	83 781	84 796	85 058	+ 262
Santé et action sociale	106 394	107 922	109 876	+ 195
Administration publique	96 331	96 827	97 317	+ 490
Activités associatives et extra-territoriales	11 403	12 357	12 691	+ 334
Total emploi salarié	**834 012**	**848 996**	**865 503**	**+ 16 507**

Emploi salarié : Côtes-d'Armor

	31.12. 1993	31.12. 1994	31.12. 1995	variation 1995-1994
Agriculture, sylviculture, pêche	**6 381**	**6 315**	**6 903**	**+ 588**
Industrie	**26 844**	**27 322**	**27 319**	**- 3**
Industries agricoles et alimentaires	9 993	10 327	10 371	+ 44
Habillement, cuir	792	699	685	- 14
Édition, imprimerie, reproduction	717	738	748	+ 10
Pharmacie, parfumerie et entretien	496	491	451	- 40
Industries des équipements du foyer	1 988	1 903	1 897	- 6
Industrie automobile	472	421	428	+ 7
Construction navale, aéronautique et ferroviaire	115	123	138	+ 15
Industries des équipements mécaniques	1 706	1 721	1 788	+ 67
Industries des équipements électriques et électroniques	3 535	3 473	3 445	- 28
Industries des produits minéraux	1 500	1 528	1 482	- 46
Industrie textile	214	233	242	+ 9
Industries du bois et du papier	1 517	1 506	1 520	+ 14
Chimie, caoutchouc, plastiques	1 085	1 245	1 252	+ 7
Métallurgie et transformation des métaux	1 180	1 128	1 136	+ 8
Industries des composants électriques et électroniques	485	759	750	- 9
Production de combustibles et carburants	35	35	35	+ 0
Eau, gaz, électricité	1 014	992	951	- 41
Construction	**9 025**	**9 310**	**9 396**	**+ 86**
Tertiaire	**95 571**	**96 714**	**98 695**	**+ 1 981**
Commerce et réparation automobile	2 955	3 016	3 134	+ 118
Commerce de gros	5 998	6 022	6 156	+ 13
Commerce de détail et réparations	9 200	9 283	9 525	+ 242
Transports	3 515	3 725	3 840	+ 115
Activités financières	3 641	3 702	3 714	+ 12
Activités immobilières	471	482	485	+ 3
Postes et télécommunications	5 216	5 170	5 087	- 83
Conseils et assistance	3 287	3 394	3 506	+ 112
Services opérationnels	3 025	3 257	3 762	+ 505
Recherche et développement	24	33	34	+ 1
Hotels et restaurants	4 048	3 907	3 850	- 57
Activités récréatives culturelles et sportives	1 079	984	967	- 17
Services personnels et domestiques	3 154	3 152	3 170	+ 18
Éducation	14 415	14 511	14 725	+ 214
Santé et action sociale	19 873	20 310	21 000	+ 690
Administration publique	13 325	13 409	13 350	- 59
Activités associatives et extra-territoriales	2 345	2 357	2 390	+ 33
Total emploi salarié	**137 821**	**139 661**	**142 313**	**+ 2 652**

Emploi salarié : Finistère

	31.12. 1993	31.12. 1994	31.12. 1995	Variation 1995-1994
Agriculture, sylviculture, pêche	**7 894**	**8 259**	**8 791**	**+ 532**
Industrie	**48 605**	**48 781**	**49 822**	**+ 1 041**
Industries agricoles et alimentaires	18 872	19 240	19 583	+ 343
Habillement, cuir	1 551	1 442	1 380	- 62
Édition, imprimerie, reproduction	1 551	1 568	1 605	+ 37
Pharmacie parfumerie et entretien	468	460	495	+ 35
Industries des équipements du foyer	868	866	820	- 46
Industrie automobile	179	175	236	+ 61
Construction navale, aéronautique et ferroviaire	7 138	6 825	6 959	+ 134
Industries des équipements mécaniques	3 361	3 399	3 569	+ 170
Industries des équipements électriques et électroniques	5 248	5 406	5 422	+ 16
Industries des produits minéraux	1 246	1 204	1 188	- 16
Industrie textile	344	344	346	+ 2
Industries du bois et du papier	1 833	1 833	1 930	+ 97
Chimie, caoutchouc, plastiques	1 318	1 285	1 327	+ 42
Métallurgie et transformation des métaux	2 469	2 574	2 707	+ 133
Industries des composants électriques et électroniques	318	336	465	+ 129
Production de combustibles et carburants	5	5	4	- 1
Eau, gaz, électricité	1 836	1819	1 786	- 33
Construction	**12 929**	**13 070**	**13 126**	**+ 56**
Tertiaire	**174 595**	**177 562**	**181 916**	**+ 4 354**
Commerce et réparation automobile	4 575	4 684	4 764	+ 80
Commerce de gros	11 842	11 565	11 749	+ 184
Commerce de détail et réparations	15 793	15 944	16 422	+ 478
Transports	8 767	8 806	9 008	+ 202
Activités financières	7 032	6 900	7 011	+ 111
Activités immobilières	1 141	1 179	1 224	+ 45
Postes et télécommunications	5 295	5 055	5 034	- 21
Conseils et assistance	6 350	6 756	7 039	+ 283
Services opérationnels	6 512	7 475	8 153	+ 678
Recherche et développement	1 265	1 321	1 326	+ 5
Hotels et restaurants	7 315	7 629	7 772	+ 143
Act récréatives culturelles et sportives	2 771	2 749	2 718	- 31
Services personnels et domestiques	4 627	4 893	5 219	+ 326
Éducation	23 470	24 052	24 508	+ 456
Santé et action sociale	32 435	32 550	33 594	+ 1 044
Administration publique	32 233	32 169	32 426	+ 257
Activ associatives et extra-territoriales	3 172	3 835	3 949	+ 114
Total emploi salarié	**244 023**	**247 672**	**253 655**	**+ 5 983**

Emploi salarié : Ille-et-Vilaine

	31.12. 1993	31.12. 1994	31.12. 1995	Variation 1995-1994
Agriculture, sylviculture, pêche	**3 395**	**3 417**	**3 643**	**+ 226**
Industrie	**61 087**	**61 593**	**62 784**	**+ 1 191**
Industries agricoles et alimentaires	12 026	12 127	12 568	+ 441
Habillement, cuir	3 333	3 235	3 050	- 18
Édition, imprimerie, reproduction	3 809	3 921	3 999	+ 78
Pharmacie, parfumerie et entretien	888	843	822	- 2
Industries des équipements du foyer	3 128	3 067	3 095	+ 28
Industrie automobile	12 206	11 882	11 644	- 238
Construction navale, aéronautique et ferroviaire	664	669	725	+ 56
Industries des équipements mécaniques	3 961	4 110	4 302	+ 192
Industries des équipements électriques et électroniques	3 883	4 087	4 246	+ 159
Industries des produits minéraux	3 065	3 054	3 072	+ 18
Industrie textile	478	492	463	- 29
Industries du bois et du papier	1 986	1 937	1 982	+ 45
Chimie, caoutchouc, plastiques	4 892	4 978	5 117	+ 139
Métallurgie et transformation des métaux	2 726	2 937	3 177	+ 240
Industries des composants électriques et électroniques	2 226	2 485	2 644	+ 159
Production de combustibles et carburants	1	1	24	+ 23
Eau, gaz, électricité	1 815	1 768	1 854	+ 86
Construction	**16 421**	**16 943**	**17 192**	**+ 249**
Tertiaire	**194 403**	**198 941**	**203 493**	**+ 4 552**
Commerce et réparation automobile	5 340	5 502	5 590	+ 88
Commerce de gros	10 944	11 285	11 850	+ 565
Commerce de détail et réparations	16 307	16 640	17 306	+ 666
Transports	13 659	14 072	14 608	+ 536
Activités financières	7 426	7 415	7 143	- 272
Activités immobilières	1 842	1 940	1 975	+ 35
Postes et télécommunications	7 834	8 130	8 154	+ 24
Conseils et assistance	8 325	8 663	9 256	+ 593
Services opérationnels	7 934	8 817	10 481	+ 1 664
Recherche et développement	2 259	2 456	2 499	+ 43
Hotels et restaurants	7 514	7 554	7 629	+ 75
Activités récréatives culturelles et sportives	2 627	2 641	2 729	+ 88
Services personnels et domestiques	8 074	8 372	8 456	+ 84
Éducation	29 280	29 423	29 225	- 198
Santé et action sociale	32 039	32 548	32 615	+ 67
Administration publique	28 926	29 394	29 754	+ 360
Activités associatives et extra-territoriales	4 073	4 089	4 223	+ 134
Total emploi salarié	**275 306**	**280 894**	**287 112**	**+ 6 218**

Emploi salarié : Morbihan

	31.12. 1993	31.12. 1994	31.12. 1995	Variation 1995-1994
Agriculture, sylviculture, pêche	**4 113**	**4 197**	**4 527**	**+ 330**
Industrie	38 535	39 804	39 537	- 267
Industries agricoles et alimentaires	14 578	15 234	14 941	- 293
Habillement, cuir	1 143	1 166	1 178	+ 12
Édition, imprimerie, reproduction	718	774	792	+ 18
Pharmacie, parfumerie et entretien	1 893	1 966	1 945	- 21
Industries des équipements du foyer	1 106	1 186	1 158	- 28
Industrie automobile	169	239	189	- 50
Construction navale, aéronautique et ferroviaire	4 914	4 863	4 607	- 256
Industries des équipements mécaniques	2 401	2 366	2 371	+ 5
Industries des équipements électriques et électroniques	1 671	1 649	1 778	+ 129
Industries des produits minéraux	1 195	1 166	1 156	- 10
Industrie textile	227	238	247	+ 9
Industries du bois et du papier	1 509	1 596	1 628	+ 32
Chimie, caoutchouc, plastiques	2 349	2 393	2 470	+ 77
Métallurgie et transformation des métaux	3 346	3 580	3 720	+ 140
Industries des composants électriques et électroniques	266	334	324	- 10
Production de combustibles et carburants	18	18	15	- 3
Eau, gaz, électricité	1 032	1 036	1 018	- 18
Construction	**11 432**	**11 709**	**11 790**	**+ 81**
Tertiaire	**122 782**	**125 059**	**126 569**	**+ 1 510**
Commerce et réparation automobile	3 594	3 617	3 722	+ 105
Commerce de gros	8 482	8 614	8 785	+ 171
Commerce de détail et réparations	11 693	11 900	11 924	+ 24
Transports	7 037	7 133	7 176	+ 43
Activités financières	4 116	4 302	4 308	+ 6
Activités immobilières	1 307	1 332	1 293	- 39
Postes et télécommunications	3 946	3 987	3 922	- 65
Conseils et assistance	4 679	4 884	5 118	+ 234
Services opérationnels	3 887	4 336	5 047	+ 711
Recherche et développement	54	54	44	- 10
Hotels et restaurants	5 882	5 882	6 060	+ 178
Activités récréatives culturelles et sportives	1 713	1 712	1 718	+ 6
Services personnels et domestiques	4 069	4 051	4 267	+ 216
Éducation	16 616	16 810	16 600	- 210
Santé et action sociale	22 047	22 514	22 668	+ 154
Administration publique	21 847	21 855	21 788	- 67
Activités associatives et extra-territoriales	1 813	2 076	2 129	+ 53
Total emploi salarié	**176 862**	**180 769**	**182 423**	**+ 1 654**

Emploi non salarié

	1993	1994	1995	variation 1995-1994
Bretagne				
Agriculture	86 722	82 223	78 228	- 3 995
Industrie	11 980	11 702	11 431	- 271
Construction	17 519	17 358	17 199	- 159
Tertiaire	77 180	76 392	75 613	- 779
Total	**193 401**	**187 675**	**182 471**	**- 5 204**
Côtes-d'Armor				
Agriculture	21 859	21 028	20 019	- 1 009
Industrie	2 307	2 236	2 167	- 69
Construction	3 875	3 853	3 831	- 22
Tertiaire	15 556	15 422	15 289	- 133
Total	**43 597**	**42 539**	**41 306**	**- 1 233**
Finistère				
Agriculture	22 329	20 766	19 686	- 1 080
Industrie	3 264	3 174	3 086	- 88
Construction	5 020	4 944	4 869	- 75
Tertiaire	23 147	22 775	22 409	- 366
Total	**53 760**	**51 659**	**50 050**	**- 1 609**
Ille-et-Vilaine				
Agriculture	24 016	22 911	21 811	- 1 100
Industrie	3 342	3 235	3 131	- 104
Construction	4 210	4 217	4 224	+ 7
Tertiaire	21 094	20 920	20 747	- 173
Total	**52 662**	**51 283**	**49 913**	**- 1 370**
Morbihan				
Agriculture	18 518	17 518	16 712	- 806
Industrie	3 067	3 057	3 047	- 10
Construction	4 414	4 344	4 275	- 69
Tertiaire	17 383	17 275	17 168	- 107
Total	**43 382**	**42 194**	**41 202**	**- 992**

Emploi total (salarié et non salarié)

	1993	1994	1995	Variation 1995-1994
Bretagne				
Agriculture	108 505	104 411	102 092	- 2 319
Industrie	187 051	189 202	190 893	+ 1691
Construction	67 326	68 390	68 703	+ 313
Tertiaire	664 531	674 668	686 286	+11 618
Total	**1 027 413**	**1 036 671**	**1 047 974**	**+11 303**
Côtes-d'Armor				
Agriculture	28 240	27 343	26 922	- 421
Industrie	29 151	29 558	29 486	- 72
Construction	12 900	13 163	13 227	+ 64
Tertiaire	111 127	112 136	113 984	+ 1 858
Total	**181 418**	**182 200**	**183 619**	**+ 1 419**
Finistère				
Agriculture	30 223	29 025	28 477	- 548
Industrie	51 869	51 955	52 908	+ 953
Construction	17 949	18 014	17 995	- 19
Tertiaire	197 742	200 337	204 325	+ 3 988
Total	**297 783**	**299 331**	**303 705**	**+ 4 374**
Ille-et-Vilaine				
Agriculture	27 411	26 328	25 454	- 874
Industrie	64 429	64 828	65 915	+ 1 087
Construction	20 631	21 160	21 416	+ 256
Tertiaire	215 497	219 861	224 240	+ 4 379
Total	**327 968**	**332 177**	**337 025**	**+ 4 848**
Morbihan				
Agriculture	22 631	21 715	21 239	- 476
Industrie	41 602	42 861	42 584	- 277
Construction	15 846	16 053	16 065	+ 12
Tertiaire	140 165	142 334	143 737	+ 1 403
Total	**220 244**	**222 963**	**223 625**	**+ 662**

MARCHÉ DU TRAVAIL

Demandes d'emploi

Les statistiques de demandes et offres d'emploi sont établies à partir des déclarations à l'Agence Nationale pour l'Emploi. Elles répertorient différentes catégories de demandes. L'ancienne **catégorie 1** qui correspondait à des demandes d'emploi à temps plein et à durée indéterminée émanant de personnes sans emploi est subdivisée désormais en une **nouvelle catégorie 1** - demandeurs immédiatement disponibles - et une nouvelle **catégorie 6** - demandeurs d'emploi ayant exercé dans le mois une activité réduite de plus de 78 heures. Ce sont les demandes de cette catégorie qui sont présentées ci-contre. Les statistiques de flux comptabilisent le nombre d'événements enregistrés. Les statistiques de stocks donnent l'état en fin de période.

La série des demandes d'emploi en fin de mois ne constituent pas une mesure du niveau du chômage selon la définition du B.I.T. (Bureau International du Travail). Le terme de chômage recouvre des notions statistiques très différentes, par exemple : les chômeurs secourus (bénéficiaires de l'aide publique), la population disponible à la recherche d'un emploi établie lors des recensements ou des enquêtes annuelles sur l'emploi, d'après la déclaration des individus.

Conflits du travail

On considère comme conflit tout arrêt temporaire du travail ou refus de prendre le travail, volontairement provoqué soit par un ou plusieurs employeurs soit par un groupe de travailleurs. Les conflits sont considérés comme résolus dans la période au cours de laquelle la totalité du personnel inscrit a repris le travail.

Pour en savoir plus :

- "Chômage et emploi en mars 1996 : premiers résultats de l'enquête sur l'emploi" - INSEE Première n° 467 - Juin 1996 - 4 p. ;
- "Le chômage régional en 1994" - INSEE Première n° 431 - Février 1996 - 4 p ;
  La société française : données sociales 1996 - INSEE :
- "L'emploi et le chômage des familles professionnelles" - p. 117-123 ;
- "La politique de l'emploi de 1990 à 1994 entre croissance économique et action publique" - p. 131-137.

Demandes d'emploi par sexe et âge au 31 décembre 1995 (catégorie 1)

Source : Direction Régionale du Travail et de l'Emploi - Bretagne

	Côtes-d'Armor	Finistère	Ille-et-Vilaine	Morbihan	**Bretagne**
Hommes	11 263	17 325	17 291	14 709	**60 588**
moins de 25 ans	2 495	3 761	4 184	3 567	**14 007**
25 à 49 ans	7 540	11 874	11 478	9 655	**40 547**
50 ans et plus	1 228	1 690	1 629	1 487	**6 034**
Femmes	12 521	19 849	20 421	17 056	**69 847**
moins de 25 ans	3 238	4 924	5 653	4 484	**18 299**
25 à 49 ans	8 208	13 453	13 333	11 237	**46 231**
50 ans et plus	1 075	1 472	1 435	1 335	**5 317**
Ensemble	23 784	37 174	37 712	31 765	**130 435**
moins de 25 ans	5 733	8 685	9 837	8 051	**32 306**
25 à 49 ans	15 748	25 327	24 811	20 892	**86 778**
50 ans et plus	2 303	3 162	3 064	2 822	**11 351**

Demandes d'emploi par qualifications au 31 décembre 1995 (catégorie 1)

Source : Direction Régionale du Travail et de l'Emploi - Bretagne

	Côtes-d'Armor	Finistère	Ille-et-Vilaine	Morbihan	**Bretagne**
Hommes	11 180	17 234	17 147	14 528	**60 089**
dont par qualifications					
Manoeuvres	*289*	*674*	*593*	*436*	***1 992***
*Personnel spécialisé **	*2 049*	*2 940*	*3 253*	*2 931*	***11 173***
Personnel qualifié	*7 057*	*10 695*	*9 731*	*8 988*	***36 471***
Techniciens, dessinateurs	*962*	*1 583*	*1 557*	*1 141*	***5 243***
Agents de maitrise	*231*	*431*	*535*	*286*	***1 483***
Cadres	*592*	*911*	*1 478*	*746*	***3 727***
Femmes	12 393	19 704	20 230	16 835	**69 162**
dont par qualifications					
Manoeuvres	*119*	*227*	223	*127*	***696***
*Personnel spécialisé **	*3 900*	*5 263*	*5 144*	*4 878*	***19 185***
Personnel qualifié	*7 438*	*12 161*	*12 057*	*10 664*	***42 320***
Techniciens, dessinateurs	*579*	1 203	*1 232*	*701*	***3 715***
Agents de maitrise	*139*	*360*	*550*	*185*	***1 234***
Cadres	*218*	*490*	*1 024*	*280*	***2 012***

* y compris les employés non qualifiés

Demandes d'emploi par emplois/métiers au 31 décembre 1995 (catégorie 1)

Source : Direction Régionale du Travail et de l'Emploi - Bretagne

	Côtes-d'Armor	Finistère	Ille-et-Vilaine	Morbihan	**Bretagne**
Personnel des services aux personnes et à la collectivité	3 837	5 184	5 371	4 369	**18 761**
Personnel des services administratifs et commerciaux	3 570	6 201	6 298	4 767	**20 836**
Personnel de l'industrie hotelière	1 681	2 919	2 579	2 563	**9 742**
Personnel de la distribution et de la vente	3 107	4 751	4 457	4 491	**16 806**
Professionnels des arts et du spectacle	266	451	800	336	**1 853**
Professionnels de la formation initiale et de la formation continue	376	698	869	432	**2 375**
Professionnels de l'intervention sociale du développement local et de l'emploi	653	1 108	948	808	**3 517**
Professionnels de la santé (professions paramédicales)	238	431	465	410	**1 544**
Professionnels de la santé (professions médicales)	34	44	116	46	**240**
Cadres administratifs et professionnels de l'information/communication	697	1 267	1 757	835	**4 556**
Cadres commerciaux	450	762	895	652	**2 759**
Personnel de l'agriculture et de la pêche	1 061	1 313	940	1 047	**4 361**
Personnel du batiment des travaux publics et de l'extraction	1 395	2 004	1 824	1 786	**7 009**
Personnel du transport et de la logistique	2 173	3 469	3 537	2 699	**11 878**
Personnel de la mécanique de l'électricité et de l'électronique	1 577	2 177	2 785	2 374	**8 913**
Personnel des industries de process	395	1 003	320	829	**2 547**
Personnel des autres industries (matériaux souples industries graphiques ameublement et bois)	303	452	753	481	**1 989**
Personnel de type artisanal	743	867	827	1 261	**3 698**
Maitrise industrielle	21	65	34	24	**144**
Techniciens industriels	467	788	806	663	**2 724**
Cadres techniques de l'industrie	300	547	625	370	**1 842**
Agents de maitrise techniciens et cadres techniques hors industrie	440	673	706	522	**2 341**
Total	23 784	37 174	37 712	31 765	**130 435**

Demandeurs d'emploi bénéficiaires d'une aide

Source : ASSEDIC Bretagne

Moyennes mensuelles en 1995	Côtes-d'Armor	Finistère	Ille-et-Vilaine	Morbihan	**Bretagne**
Ensemble	18 892	28 158	28 033	22 924	**98 007**
*dont Allocation de base **	*12 296*	*18 495*	*17 950*	*15 087*	***63 829***
Allocation spécifique de conversion	*298*	*548*	*588*	*439*	***1 873***
Allocation Solidarité Spécifique	*4 518*	*5 434*	*5 528*	*5 176*	***20 656***
*Allocation de formation ***	*728*	*1 151*	*1 174*	*869*	***3 921***
*Pré-retraite ****	*1 052*	*2 530*	*2 793*	*1 353*	***7 728***

* Allocation unique dégressive + base + base exceptionnelle + fin de droits

** Rémunération des stagiaires du service public + allocation formation reclassement

*** Pré-retraite AS + FNE + progressive

Ancienneté moyenne en jours au 31 décembre 1995

Source : Direction Régionale du Travail et de l'Emploi - Bretagne

	Côtes-d'Armor	Finistère	Ille-et-Vilaine	Morbihan	**Bretagne**
Hommes	371	405	378	378	**385**
moins de25 ans	155	158	153	151	**154**
25 à 49 ans	399	438	417	408	**418**
50 ans et plus	642	727	681	730	**698**
Femmes	416	411	392	407	**405**
moins de 25 ans	198	203	193	201	**199**
25 à 49 ans	451	445	436	449	**444**
50 ans et plus	807	800	768	739	**778**
Ensemble	395	408	386	393	**396**
moins 25 ans	179	183	176	179	**179**
25 à 49 ans	426	441	427	430	**432**
50 ans et plus	719	761	722	734	**735**

Contrats temporaires *

Source : Direction Régionale du Travail et de l'Emploi - Bretagne

	Côtes-d'Armor	Finistère	Ille-et-Vilaine	Morbihan	**Bretagne**	France
1992	23 475	63 455	70 413	49 122	**206 465**	5 842 378
1993	31 443	71 864	79 185	49 176	**231 668**	5 311 924
1994	30 979	88 178	94 075	62 712	**275 944**	6 520 882
1995	39 154	97 786	125 160	78 942	**341 042**	6 292 248

* Contrat conclu par une personne morale dont l'activité exclusive est de mettre à la disposition provisoire d'utilisateurs des salariés qu'elle embauche et rémunère à cet effet

Chômage partiel

Source : Direction Régionale du Travail et de l'Emploi - Bretagne

Journées indemnisables	Côtes-d'Armor	Finistère	Ille-et-Vilaine	Morbihan	**Bretagne**
1994	45 764	154 746	181 899	114 351	**496 760**
1995	67 355	68 003	275 564	47 629	**458 751**

Conflits localisés du travail

Source : Direction Régionale du Travail et de l'Emploi - Bretagne

nombre de journées individuelles non travaillées	Côtes d'Armor	Finistère	Ille et Vilaine	Morbihan	**Bretagne**
1993	2 163	4 044	4 292	5	**10 504**
1994	395	5 776	2 695	8 885	**17 751**
1995	286	8 568	48	3 601	**12 503**

EMPLOI PUBLIC

Les données présentées ici sont issues du fichier FIRESP (Fichier Régional d'Étude du Secteur Public) qui recense l'ensemble des emplois publics au niveau communal. On distingue trois catégories principales d'agents : agents de l'État, agents des Collectivités Territoriales et agents des Services Publics.

Agents civils employés par l'État

Les chiffres proviennent de deux sources :
- le fichier-paye de la Trésorerie Générale d'Ille-et-Vilaine
- des enquêtes lancées auprès des ministères et établissements publics.

Le Centre Électronique de la Trésorerie Générale d'Ille-et-Vilaine gère pour la Bretagne la paye des agents des administrations suivantes :
- Ministère de l'Éducation Nationale
- Ministère de l'Économie, des Finances
- Ministère du Budget
- Ministère de l'Équipement et du Logement
- Ministère de l'Intérieur
- Ministère de la Justice
- Ministère des Transports
- Ministère de la Solidarité, de la Santé et de la Protection Sociale
- Ministère du Travail, de l'Emploi et de la Formation Professionnelle
- Ministère des Anciens Combattants
- Ministère de la Culture et de la Communication
- Ministère de la Jeunesse et des sports
- Ministère de l'Industrie et Aménagement du territoire

Les autres administrations (ne figurant pas cidessus), ont été enquêtées sur leurs effectifs au 31 décembre des années 1994 et 1995. Les agents rémunérés sur le budget du Ministère de le Défense ne font pas partie de l'étude.

Agents des collectivités territoriales

Les chiffres proviennent de l'enquête de 1994 sur les personnels des collectivités territoriales. Les établissements publics locaux (centres communaux d'action sociale, caisses des écoles, syndicats intercommunaux ...) sont assimilés aux organismes communaux. Les offices publics d'HLM sont classés en services publics.

Pour en savoir plus :

- "Les agents de l'État au 31 décembre 1992" - INSEE Résultats - Emploi-revenus n° 72-73 - Janvier 1995 - 325 p. ;
- "Les effectifs des colectivités territoriales au 31 décembre 1991, 1992, 1993" - INSEE Résultats Emploi-revenus n° 95-96 - Octobre 1995 - 311 p. ;
- "Les agents des collectivités territoriales" - Direction Générale des Collectivités Locales - Édition 1996 - 272 p.

Agents de l'État

	Hommes	Femmes	**Total au 31.12.95**	*dont agents à temps partiel*	Évolution par rapport au 31.12.94
Tous ministères civils et exploitants publics	**45 030**	**46 808**	**91 838**	***15 860***	**- 225**
Selon le ministère ou l'exploitant public					
Éducation Nationale *	18 339	25 425	43 764	*5 772*	- 585
Économie, Finances	2 727	4 759	7 486	*2 143*	+ 15
Équipement, Logement	4 026	1 266	5 292	*616*	- 73
Intérieur	3 145	1 323	4 468	*439*	+ 592
Agriculture et Forêts	1 700	1 397	3 097	*556*	+ 10
Justice	867	1 153	2 020	*332*	+ 6
Transport	859	508	1 367	*177*	+ 10
Solidarité et Santé	260	551	811	*224*	- 3
Travail, Emploi et Formation	108	287	395	*136*	- 8
Industrie et Recherche	250	162	412	*23*	+ 28
Anciens Combattants	51	117	168	*39*	- 5
Culture et Communication	46	61	107	*23*	+ 3
Poste et Télécommunications **	12 652	9 799	22 451	*5 380*	- 215
Selon le département d'affectation					
Côtes-d'Armor	9 242	8 795	18 037	*3 160*	- 156
Finistère	11 698	11 729	23 427	*3 886*	+ 66
Ille-et-Vilaine	15 922	17 991	33 913	*6 027*	+ 147
Morbihan	8 168	8 293	16 461	*2 787*	- 282

Enseignement privé (Budget de l'État)

Agents rémunérés par les ministères de :					
Éducation Nationale	4 867	12 237	17 104	*2 659*	+ 572
Agriculture et Forêts	488	703	1 191	*420*	+ 27
Transports (Mer)	140	31	171	*45*	+ 28
Total enseignement privé	**5 495**	**12 971**	**18 466**	***3 124***	**+ 627**

* Enseignement public seul (y compris Universités, Jeunesse et Sports).
** Exploitants publics à compter du 1er janvier 1991.

Agents des collectivités territoriales

	Hommes	Femmes	Ensemble au 31.12.95	*dont agents à temps partiel*	Évolution par rapport au 31.12.94
Côtes-d'armor	**4 074**	**6 270**	**10 344**	***3 173***	**+ 58**
département	375	1 336	1 711	*360*	+ 70
organismes communaux	3578	4 678	8 256	*2 648*	- 40
autres	121	256	377	*165*	+ 28
Finistère	**6 153**	**8 146**	**14 299**	***4 137***	**+ 294**
département	365	1 666	2 031	*423*	+ 14
organismes communaux	5 748	6 444	12 192	*3 697*	+ 278
autres	40	36	76	*17*	+ 2
Ille-et-vilaine	**5 615**	**9 372**	**14 987**	***4 901***	**- 95**
département et région	445	1 927	2 372	*507*	+ 103
organismes communaux	5 110	7 344	12 454	*4 358*	- 204
autres	60	101	161	*36*	+ 6
Morbihan	**3 857**	**6 578**	**10 435**	***3 329***	**+ 40**
département	254	1 312	1 566	*399*	+ 25
organismes communaux	3 554	5 192	8 746	*2 921*	+ 14
autres	49	74	123	*9*	+ 1
BRETAGNE	**19 699**	**30 366**	**50 065**	***15 540***	**+ 297**
département et région	1 439	6 241	7 680	*1 689*	+ 212
organismes communaux	17 990	23 658	41 648	*13 624*	+ 48
autres	270	467	737	*227*	+ 37

Agents des services publics

	Hommes	Femmes	**Total au 31.12.95**	*dont agents à temps partiel*	Évolution par rapport au 31.12.1994
Hôpitaux	7 637	28 572	36 209	*7 718*	+ 262
Action Sociale *	805	3 886	4 691	*761*	+ 196
Organismes de Sécurite Sociale **	1 987	6 091	8 078	*1 822*	+ 40
S.N.C.F	4 229	207	4 436	-	- 117
E.D.F-G.D.F	3 204	719	3 923	*154*	+ 40
Chambres consulaires	1 559	1 153	2 712	*462*	+ 24
Offices publics d'HLM	807	671	1 478	*259*	- 2
Autres établissements publics ***	1 703	1 591	3 294	*631*	+ 19
Bretagne	**21 913**	**42 890**	**64 821**	***11 807***	**+ 395**

* Maison de retraite publiques et instituts médico-pédagogiques.
** Assurance maladie, allocations familiales, Mutualité Sociale Agricole, URSSAF.
*** Agence Nationale pour l'Emploi, Centre National de la Recherche Scientifique, Centre Régional des Oeuvres Universitaires et Sociales, Commissariat à l'Énergie Atomique, Institut Français de Recherche et D'exploitation de la Mer, Office National des Forêts, Office National Interprofessionnel des Céréales, Office National de la Chasse, Conseil Supérieur de la pêche, etc.

Emploi public (Enseignement privé exclu)

	Agents de l'État et Exploitants publics	Collectivités territoriales	Services publics	**Total au 31.12.95**	Évolution par rapport au 31.12.94
Côtes-d'Armor	18 037	10 344	10 119	38 500	+ 103
Finistère	23 427	14 299	19 992	57 718	+ 579
Ille-et-Vilaine	33 913	14 987	22 005	70 905	+ 133
Morbihan	16 461	10 435	12 705	39 601	- 348
Bretagne	**91 838**	**50 065**	**64 821**	**206 724**	**+ 467**

Déclarations annuelles de données sociales

Avertissement

Les salaires de 1994 ont pu être rectifiés par rapport à ceux publiés dans la précédente édition des Tableaux de l'économie bretonne.

Les Déclarations Annuelles de Données Sociales (DADS) constituent la pièce maîtresse pour la connaissance des salaires dans le secteur privé. A partir de ces documents, déposés chaque année par les employeurs auprès des services fiscaux et des organismes de sécurité sociale, l'INSEE établit des statistiques sur les salaires par catégorie socioprofessionnelle, activité économique et zone géographique. Le champ des DADS recouvre la majeure partie du secteur privé et semi-public. Mais il ne comprend pas l'agriculture, les gens de maison et les administrations. Les collectivités territoriales ne figurent pas dans les tableaux, la Poste non plus.

Les chiffres portent sur les salariés à temps complet. Ne sont pas pris en compte les intermittents, les temps partiels et les travailleurs à domicile. La notion de temps complet se réfère à la durée du travail en usage dans la profession. Elle peut varier d'une activité à l'autre. Les effectifs salariés sont convertis en années-travail : un salarié présent 360 jours dans l'année comptera pour une année-travail, un salarié présent seulement 180 jours pour 1/2 année-travail, etc.
Le salaire pris en compte est le salaire net effectivement perçu, y compris les primes, soit l'ensemble des rémunérations en espèces après déduction des cotisations sociales et de la contribution sociale généralisée (CSG). Ce salaire correspond, aux avantages en nature près, au salaire imposable.

Le salaire moyen est obtenu en divisant la masse salariale nette par le nombre d'années-travail correspondant.

Actualisation des DADS

L'exploitation des DADS est une opération lourde pouvant nécessiter de longs délais. Pour disposer de chiffres récents, l'INSEE réalise des actualisations. Les salaires de 1994 et 1995 publiés ici résultent d'une actualisation des DADS de 1992, dernière année pour laquelle on dispose d'une exploitation définitive de cette source. Il s'agit de salaires offerts, légèrement plus élevés (de l'ordre de 3%) que les salaires effectivement déclarés dans les DADS. Ces derniers, en effet, peuvent être amputés de diverses retenues pour absence ou maladie. A titre d'exemple le salaire net moyen offert en Bretagne en 1993 s'établissait à 103 800 F alors que le salaire moyen effectivement versé au lieu de travail la même année était de 101 900 F seulement.

Salaires annuels nets moyens par activité économique (salaires offerts, mesurés au lieu de travail)

Source : INSEE - DADS de 1992 actualisées pour 1994 et 1995 — *Unité : franc courant*

	1994		1995	
	Bretagne	France	**Bretagne**	France
Industrie	**104 500**	123 000	**106 700**	125 700
Bâtiment et travaux publics	**93 600**	108 600	**95 600**	110 900
Commerces	**99 800**	117 500	**102 300**	120 400
Services	**110 800**	125 600	**112 800**	127 900
Ensemble	**105 400**	122 200	**107 600**	124 700

Pour en savoir plus :

- "L'évolution des salaires dans le secteur privé depuis 1980" - Octant n° 63 - Octobre 1995 - p. 17-24 ;
- "L'évolution des salaires dans le secteur privé en 1995" - INSEE Première n° 471 - Juillet 1996 - 4 p. ;
- "Salaires et coûts salariaux : 45 ans d'évolution" INSEE Première n° 449 - Mai 1996 - 4 p. ;
- "L'évolution des salaires jusqu'en 1994" - INSEE - Collection synthèses - Mars 1996 ;
  La société française : Données sociales 1996 - INSEE :
- "L'éventail des salaires et ses déterminants" - p. 190-198.

Salaires annuels nets moyens par département

(salaires offerts, mesurés au lieu de travail)

Source : INSEE - DADS de 1992 actualisées pour 1994 et 1995 *Unité : franc courant*

	Côtes-d'Armor	Finistère	Ille-et-Vilaine	Morbihan	**Bretagne**
1994					
Hommes	109 800	113 900	118 100	107 800	**113 500**
Femmes	90 800	93 800	93 600	88 000	**92 000**
Ensemble	102 300	106 200	109 400	100 200	**105 400**
1995					
Hommes	111 900	116 000	120 400	109 900	**115 700**
Femmes	92 700	96 100	95 800	90 100	**94 100**
Ensemble	104 400	108 400	111 700	102 300	**107 600**

Salaires annuels nets moyens par sexe et qualification

(salaires offerts, mesurés au lieu de travail)

Source : INSEE - DADS de 1992 actualisées pour 1994 et 1995 *Unité : franc courant*

	Bretagne			France		
	Hommes	**Femmes**	**Ensemble**	Hommes	Femmes	Ensemble
1994						
Cadres	**229 700**	**182 700**	**219 300**	264 500	196 800	248 600
Professions intermédiaires	**130 300**	**115 900**	**124 800**	138 200	122 100	131 900
Employés	**92 300**	**81 900**	**84 400**	94 100	86 900	88 800
Ouvriers	**87 900**	**71 300**	**84 600**	93 400	73 000	89 900
ouvriers qualifiés	***88 900***	***77 200***	***87 400***	*96 300*	*80 800*	*94 800*
ouvriers non qualifiés	***84 000***	***66 100***	***76 800***	*80 900*	*67 200*	*75 700*
Ensemble	**113 500**	**92 000**	**105 400**	132 800	103 500	122 200
1995						
Cadres	**232 200**	**184 900**	**221 400**	267 500	199 300	251 100
Professions intermédiaires	**132 800**	**118 400**	**127 200**	140 800	124 600	134 500
Employés	**93 700**	**83 100**	**85 700**	95 400	88 100	90 100
Ouvriers	**89 700**	**73 100**	**86 400**	95 300	74 800	91 900
ouvriers qualifiés	***90 700***	***78 800***	***89 100***	*98 200*	*82 500*	*96 700*
ouvriers non qualifiés	***85 600***	***67 500***	***78 500***	*82 600*	*68 500*	*77 400*
Ensemble	**115 700**	**94 100**	**107 600**	135 300	106 000	124 700

Revenus fiscaux

Depuis 1984, la Direction Générale des Impôts (DGI) met à la disposition de l'INSEE les statistiques communales établies à l'occasion du recouvrement de **l'impôt sur le revenu des personnes physiques (IRPP)**.

Les données portent sur le nombre de foyers fiscaux, imposés et non imposés, les revenus correspondants ainsi que sur l'impôt payé. Il ne s'agit pas de données individuelles permettant de connaître le revenu de tel ou tel foyer, mais de totalisations au niveau de chaque commune.

Ces statistiques sont agrégeables et permettent de disposer ainsi d'indicateurs de richesse au niveau du canton, de la zone d'emploi, du département, de la région ou de tout autre regroupement de communes.

Le revenu pris en compte est le **revenu net imposable** après abattements et déductions : déduction de 10% sur les salaires, abattement supplémentaire de 20%, pensions alimentaires etc... Il sous-estime bien entendu le revenu réel. En ne retenant que les déductions de 10% et 20%, bien connues de tous les salariés, on aboutit en 1993, pour la Bretagne, à un **revenu réel** de l'ordre de 107 700 F par foyer pour un revenu net imposable de 77 547 F. Encore ce chiffre de 107 700 F doit-il être considéré comme une estimation basse car il ne tient compte ni des autres déductions ni, bien sùr, de la sous-évaluation et de la fraude.

Car tous les revenus ne sont pas connus avec le même degré de précision. On admet généralement que les revenus des non salariés sont sous-évalués par rapport aux revenus des salariés. Ceci a bien évidemment des répercussions sur les comparaisons géogra- phiques qu'il convient d'apprécier en fonction du paysage social de chaque zone.

Ménages et foyers fiscaux

Les notions de ménage et de foyer fiscal ne se superposent pas exactement.

La notion de **ménage** équivaut à celle de résidence principale. Est défini comme ménage l'ensemble des personnes habitant le même logement. A ce titre, un célibataire vivant seul compte pour un ménage.

Depuis de nombreuses années, le nombre de ménages augmente plus vite que le nombre d'habitants. Il y a de plus en plus de personnes seules, célibataires, personnes âgées. Ce mouvement appelé "décohabitation", dépasse en ampleur le mouvement inverse que l'on peut désigner sous le terme de "cohabitation" ou de "recohabitation", illustré en particulier par les jeunes qui restent plus longtemps au domicile de leurs parents (ou y retournent après une première tentative d'installation) du fait de la prolongation de la scolarité ou encore de la difficulté à trouver un logement faute de ressources suffisantes. Si l'on ajoute à ce mouvement de décohabitation nette (décoha- bitation moins cohabitation) la chute du nombre d'enfants, qui fait mécaniquement baisser le ratio, on constate que le nombre moyen de personnes par ménage ne cesse de diminuer. En Bretagne, il passe de 2,8 en 1984 à 2,5 en 1993.

Le f**oyer fiscal** représente, lui, l'ensemble des personnes inscrites sur la même déclaration de revenus. Il ne correspond pas forcément au ménage. Il peut y avoir plusieurs foyers fiscaux dans un seul ménage. C'est le cas notamment des couples non mariés vivant sous le même toit tout en faisant des déclarations séparées. On a dans ce cas deux foyers fiscaux pour un même ménage. Autre exemple, celui d'un jeune qui travaille tout en continuant à habiter chez ses parents et qui fait une déclaration à part.

Les données de la DGI montrent que le nombre de foyers fiscaux croît plus vite que le nombre de ménages. En 1984 on comptait en Bretagne 1,23 foyer fiscal en moyenne par ménage. Ce ratio est passé à 1,29 en 1993. Le nombre moyen de personnes par foyer fiscal passe de 2,3 en 1984 à 1,9 en 1993.

Pour en savoir plus :

- "Le revenu par foyer fiscal augmente le plus dans les communes périurbaines" - Octant n° 65 - Juin 1996 - p. 35-40. ;
- "Le patrimoine des Français : comportements et disparités" - Économie et statistique n° 296-297 - Septembre 1996 - 202 p.

Les revenus fiscaux en 1993

Source : Direction Générale des Impôts

		Côtes-d'Armor	Finistère	Ille-et-Vilaine	Morbihan	**Bretagne**	France
Unité : 1 foyer							
1	Foyers imposés	115 964	196 018	185 651	138 788	**636 421**	14 707 120
2	Foyers non imposés	161 380	236 984	210 171	179 618	**788 153**	14 231 248
3	Ensemble des foyers fiscaux	277 344	433 002	395 822	318 406	**1 424 574**	28 938 368
1/3	**Pourcentage de foyers imposés***	41,8	45,3	46,9	43,6	**44,7**	50,8
Unité : million de franc							
5	Revenus des foyers imposés	14 845	24 507	24 641	17 403	**81 396**	1 995 646
6	Revenus des foyers non imposés	5 644	8 760	8 053	6 618	**29 075**	520 462
7	Revenus de l'ensemble des foyers	20 489	33 267	32 694	24 021	**110 471**	2 516 108
5/7	**Part des revenus imposés (en %)***	72,5	73,7	75,4	72,4	**73,7**	79,3
Unité : 1 franc							
5/1	Revenu moyen par foyer imposé*	128 018	125 026	132 728	125 393	**127 898**	135 693
6/2	Revenu moyen par foyer non imposé*	34 971	36 962	38 317	36 847	**36 890**	36 572
7/3	**Revenu moyen par foyer***	73 876	76 828	82 599	75 443	**77 547**	86 947
Unité : million de franc							
8	Montant de l'impôt	1 673	2 754	2 872	1 947	**9 246**	267 195
Unité : 1 franc							
8/1	**Impôt moyen par foyer imposé***	14 427	14 052	15 468	14 025	**14 528**	18 168
Unité : %							
	Taux de l'impôt **	11,3	11,2	11,7	11,2	**11,4**	13,4

* Le résultat est obtenu par la division des chiffres contenus dans les numéros de lignes indiquées.

** $\text{Taux de l'impôt} = \dfrac{\text{Impôt moyen}}{\text{Revenu moyen imposé}} \times 100$

Protection sociale

Ces chiffres concernent le régime général y compris les administrations et ne concernent donc pas les régimes "agricoles" et "non salariés".
Le total des prestations maladie maternité ne comprend pas la dotation globale versée aux établissements hospitaliers publics et aux établissements privés participant au service public hospitalier.

Les prestations accidents du travail comprennent les soins de santé (hors dotation globale), les indemnités journalières et l'incapacité permanente.
Les prestations familiales sont financées par le fonds national des prestations familiales alors que les prestations logement à caractère social : APL (Aide Personnalisée au Logement), RMI (Revenu Minimum d'Insertion) et l'AAH (Aide aux Adultes Handicapés) sont financés par d'autres fonds et remboursés par l'État.

Pour en savoir plus :

- "La protection sociale" - INSEE Première n° 461 - Juin 1996 - 4 p. ;
- "Comptes nationaux de la santé" - Rapport de Juillet 1996 - SESI - 130 p. ;
- "Les comptes de la protection sociale" - Documents statistiques du SESI - 1992, 1993, 1994 - n° 237 - Octobre 1995 - 87 p.

Recettes et dépenses des caisses de Sécurité Sociale du Régime général

Source : Sécurité Sociale

1995	Côtes-d'Armor	Finistère	Ille-et-Vilaine	Morbihan	**Bretagne**
Maladie					
(Maladie, maternité, invalidité, décès)					
Cotisations *	2 378	4 054	6 335	2 711	**15 478**
Prestations ****	2 160	3 606	3 349	2 543	**11 658**
Accidents du travail					
Cotisations *	244	430	733	293	**1 700**
Prestations incapacité					
temporaire	72	147	117	89	**425**
définitive	124	218	188	136	**666**
Vieillesse					
(Vieillesse, veuvage)					
Cotisations * - **	1 641	2 865	4 328	1 959	**10 793**
Prestations	///	///	///	///	**9 783**
Famille					
Cotisations *	824	1 398	2 018	931	**5 171**
Prestations ***	1 074	1 643	1 912	1 360	**5 989**

* Y compris majorité de retard et pénalités

** Y compris attributions au F.S.V. (Fonds de Solidarité Vieillesse)

*** Á l'exception des prestations logement relevant du FNH et FNAL ainsi que du RMI et de l'AAH

**** N'est pas comprise la dotztion globale aux établissements hospitaliers publics et aux établissements privés Participant au Service Public Hospitalier (PSPH).

Économie
Finances

ÉCONOMIE FINANCES

ÉCONOMIE

Le Produit Intérieur Brut (P.I.B.) synthétise l'ensemble de l'activité économique et mesure la richesse productive d'une région. Il est égal à la somme des valeurs ajoutées des branches auxquelles on ajoute la T.V.A. et les droits de douane.

Les comptes régionaux de branche sont réalisés par l'Insee chaque année. Les informations de base proviennent essentiellement des enquêtes annuelles d'entreprises régionalisées, des données fiscales et des fichiers déclarations annuelles de salaires. Les informations sont localisées dans la région dans laquelle est effectivement réalisée l'activité.

Les comptes régionaux de branche visent à décrire les systèmes productifs régionaux de façon synthétique et homogène dans un cadre identique à celui des comptes nationaux. Ils couvrent l'ensemble des activités regroupées en une nomenclature à neuf postes : agriculture, industries agro-alimentaires, énergie, biens de consommation, biens intermédiaires, biens d'équipement, bâtiment - génie civil et agricole, tertiaire marchand et tertiaire non marchand. Une branche d'activité est évaluée par l'agrégat de valeur ajoutée.

Pour en savoir plus :

- "Spécial bilan de l'année 1995" - Le Flash Conjoncturel d'Octant - n° 3 - 4 p. ;
- "L'Économie des régions de 1982 à 1992" - INSEE Première n° 398 - Août 1995 ;
- "Statistiques et indicateurs des régions françaises" - INSEE Résultats n° 105-106 - 1995 ;
- "La France et ses Régions" - Édition 1993 - INSEE ;
- "L'Économie française" - Édition 1995 - INSEE - Le Livre de Poche ;
- "Les produits intérieurs bruts régionaux : sources et méthodes " - INSEE Méthodes - n° 55 - Avril 1996 - 176 p.

Montant du P.I.B. par habitant et par emploi

Source : Comptes régionaux, Insee

	PIB total (millions de francs courants)		PIB par habitant (francs courants)	
	1991	1992 *	1991	1992 *
Bretagne	**268 966**	**282 345**	**95 696**	**100 007**
France	6 776 231	7 010 540	118 766	122 191
dont : province	*4 796 407*	*4 969 312*	*103 650*	*106 840*

* Chiffres semi-définitifs

Valeur ajoutée brute selon les branches

Source : Fichier Suse

1992	Bretagne			Poids de la Bretagne dans la France (%)
	millions de francs courants	Structure (%)	Variation 1991-1992* (%)	
Agriculture	20 511	7,6	23,7	10,3
Industrie agro-alimentaire	16 136	5,9	2,7	8,5
Industrie hors IAA	37 300	13,7	3,6	2,6
BGCA	14 604	5,4	- 4,9	4,1
Tertiaire	182 976	67,4	1,0	4,0
Total	**271 527**	**100,0**	**3,2**	**4,0**

* En francs constants de 1980.

Croissance de 1982 à 1992

Taux de variation annuel moyen en %

Source : Comptes régionaux, Insee

	PIB	Valeur ajoutée aux prix 1980			
		Agriculture	Industrie	Bâtiment	Tertiaire
Bretagne	**2,2**	**2,3**	**1,8**	**- 0,9**	**2,6**
France	2,2	1,1	1,1	0,9	2,7

Prix à la consommation

L'indice des prix à la consommation mesure l'évolution des prix des biens et services consommés par l'ensemble des ménages ; c'est l'indicateur officiel de la hausse des prix.
Il comporte 265 postes de dépense regroupés en 8 grandes fonctions de consommation.
Chaque poste est pondéré proportionnellement à la part de ce poste dans la dépense totale des ménages.

Chaque mois, 150 000 prix sont relevés sur l'ensemble du territoire dans 30 000 points de vente répartis dans 96 agglomérations. Les points de vente sont choisis parmi toutes les formes de vente : grandes surfaces, commerces traditionnels, maxidiscomptes, prestataires de service.
En Bretagne, ce sont 4 000 prix relevés chaque mois dans 1 000 points de vente qui participent ainsi au calcul de l'indice national.

Évolution des prix en 1995 de 4 produits suivis dans l'indice
Décembre 1994 = 100

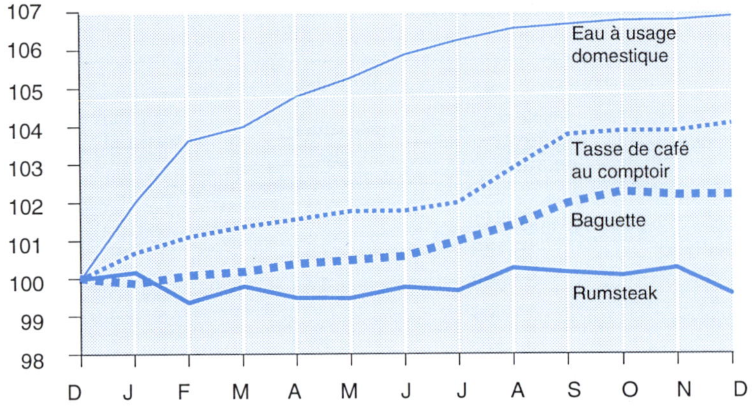

Pour en savoir plus :

- "Du blocage des prix vers la dérèglementation : 50 ans de prix à la consommation" INSEE Première n° 483 - Septembre 1996 - 4p. ;
- "Indice des prix à la consommation des 265 postes : série rétrospective 1990 -1995" INSEE Résultats : Consommation - Modes de vie n° 82-83 - Juin 1996 - 311 p. ;
- " Les prix à la consommation en 1995, INSEE Première n° 433 - Mars 1996 - 4p. ;
- "Changements du tissu commercial et mesure de l'évolution des prix" - Économie et statistique n° 285-286 - 1995 - p. 9 à 33 ;

Indice national des prix à la consommation - Base 100 en 1990

Source : INSEE

Niveau atteint en décembre	1993	1994	1995
Ensemble des ménages			
Indice d'ensemble	108,5	110,2	112,5
Indice hors tabac	108,1	109,5	111,7
Ménages urbains ouvriers ou employés			
Indice hors tabac	108,1	109,5	111,7

L'indice des prix à la consommation en 1995 - Base 100 en 1990 - Ensemble des ménages

Source : INSEE

Regroupements	Pondé-rations 1995	Valeur de l'indice					Glissement déc. 1995/ déc. 1994 %
		Déc. 1994	Janvier 1995	Juin 1995	Sept. 1995	Déc. 1995	
Indice d'ensemble	10 000	110,2	110,5	111,5	112,2	112,5	+ 2,1
Indice d'ensemble hors tabac	9 806	109,5	109,8	110,8	111,4	111,7	+ 2,0
Alimentation, boissons, tabac	2 250	108,0	109,1	109,8	109,4	110,0	+ 1,9
Poissons	*107*	*100,3*	*104,1*	*97,8*	*98,7*	*97,7*	*- 2,6*
Boissons alcoolisées	*242*	*109,5*	*109,7*	*110,7*	*112,3*	*112,6*	*+ 2,8*
Habillement, chaussures	722	107,6	103,7	107,4	108,8	108,7	+ 1,0
Chaussures	*132*	*107,4*	*102,7*	*107,5*	*108,3*	*108,7*	*+ 1,2*
Logement, chauffage, éclairage	1 113	114,5	114,8	115,5	117,0	117,5	+ 2,6
Électricité	*257*	*107,2*	*107,2*	*107,2*	*109,2*	*109,2*	*+ 1,9*
Meubles, entretien de la maison	828	109,5	109,6	110,9	112,0	112,4	+ 2,6
Gros appareils ménagers	*110*	*97,7*	*97,6*	*97,3*	*97,4*	*98,0*	*+ 0,3*
Santé	951	105,6	105,9	107,1	107,2	107,4	+ 1,7
Produits pharmaceutiques	*337*	*102,4*	*102,9*	*103,3*	*103,2*	*103,5*	*+ 1,1*
Services des médecins	*293*	*110,0*	*110,4*	*113,3*	*113,5*	*113,4*	*+ 3,1*
Transports et communications	1 862	111,8	112,8	113,6	115,1	114,9	+ 2,8
Achat de voitures neuves	*332*	*106,0*	*107,1*	*105,5*	*108,6*	*106,7*	*+ 0,7*
Essences	*394*	*105,4*	*108,0*	*110,2*	*110,8*	*111,1*	*+ 5,4*
Loisirs, culture, spectacles, enseignement	811	107,2	107,7	107,6	107,7	108,2	+ 0,9
Appareils de radio et de télévision	*83*	*81,1*	*80,9*	*79,4*	*78,2*	*77,3*	*- 4,7*
Livres, quotidiens, périodiques	*179*	*113,9*	*114,2*	*115,3*	*115,9*	*116,1*	*+ 1,9*
Autres biens et services	1 463	114,9	115,2	116,0	117,2	117,5	+ 2,3
Coiffure, beauté	*110*	*117,7*	*117,9*	*118,6*	*120,7*	*121,0*	*+ 2,8*

CRÉDIT - ÉPARGNE

Collecter de l'argent auprès des agents qui en disposent (les épargnants) et le **redistribuer sous forme de prêts** à ceux qui en ont besoin (entreprises pour leur exploitation courante ou leurs investissements, particuliers pour la construction de logement...), telle est la fonction première des **institutions financières**. La loi bancaire 1984 en a rénové le cadre juridique. Sous le terme générique d'établissements de crédit, ont été regroupées : les banques AFB (adhérentes à l'Association Française des Banques telles BNP, Société Générale, Crédit Lyonnais), les banques mutualistes ou coopératives, les caisses d'épargne et de prévoyance, les caisses de crédit municipal ainsi que les sociétés financières et institutions financières spécialisées aux activités limités réglementairement. Sont à part le Trésor Public et la Poste qui englobe la Caisse Nationale d'Épargne.

En Bretagne, la part de l'argent collecté par les Caisses d'épargne est plus faible que nationalement du fait de la présence d'un puissant réseau bancaire mutualiste (Crédit Agricole et Crédit Mutuel). Notre région partage cette particularité avec l'Alsace.

Les opérations prises en compte sont celles **recensées dans les guichets bretons** des établissements de crédit et des Caisses d'épargne (sauf précision contraire), indépendamment de l'origine géographique du client. Elle peuvent donc concerner des agents qui ne résident pas en Bretagne. Inversement, elles ne couvrent pas de manière exhaustive les avoirs et engagements des agents économiques résidant en Bretagne, une partie pouvant être comptabilisée dans d'autres régions.

Pour en savoir plus :

- Cahiers régionaux Bretagne - Avril 1996 - n° 49 - Fascicule conjoncture financière ;
- "Note financière annuelle - Bretagne 1995" - Supplément des Cahiers Régionaux de la Banque de France - Juillet 1996, n° 50 ;
- "Statistiques monétaires et financières annuelles 1994" - Banque de France - 4e trimestre 1995 - 419 p.

Réseau des établissements de crédit et des caisses publiques au 31 décembre 1995

Source : Banque de France

	Établissements de crédit								Caisses publiques	
	Banque de France	Banques nationales AFB	Autres banques AFB	Banques populaires	Crédit agricole	Crédit mutuel et coopératif	Caisses d'épargne et de prévoyance	Total **	Poste	Trésor Public
Guichets permanents *										
Côtes-d'Armor	2	27	27	17	80	82	35	270	225	50
Finistère	3	59	45	22	129	160	64	482	256	50
Ille-et-Vilaine	3	55	42	31	95	104	55	385	250	48
Morbihan	3	40	33	15	95	89	47	322	207	38
Bretagne	**11**	**181**	**147**	**85**	**399**	**435**	**201**	**1 459**	**938**	**186**
Variation 95-94	-	- 8	- 1	- 3	-13	+ 12	- 14	- 27	- 2	-
Automates bancaires										
Côtes-d'Armor	-	18	4	6	103	71	15	217		8
Finistère	-	35	7	8	101	123	37	311		13
Ille-et-Vilaine	1	45	10	22	103	97	47	325		22
Morbihan	-	27	10	6	164	86	26	319		23
Bretagne	**1**	**125**	**31**	**42**	**471**	**377**	**125**	**1 172**		**66**
Variation 95-94	-	+ 9	+ 5	+ 7	+ 58	+ 74	+ 15	+ 168		+ 9
Cartes bancaires (en milliers)										
Côtes-d'Armor	0,1	34,2	9,5	12,0	106,2	123,0	19,6	366,5		61,9
Finistère	0,2	59,6	20,6	18,9	136,3	223,4	46,6	562,2		56,6
Ille-et-Vilaine	0,3	65,7	19,1	31,0	121,1	179,9	42,5	553,8		94,2
Morbihan	0,2	43,6	12,5	15,8	104,3	138,9	33,2	408,2		59,7
Bretagne	**0,8**	**203,1**	**61,7**	**77,7**	**467,9**	**665,2**	**141,9**	**1 890,7**		**272,4**
Variation 95-94 (%)	-	+ 4,6	- 2,8	+ 10,7	+ 3,1	+ 6,5	+ 5,6	+ 22,7		+ 1,0

* Guichets ouverts au moins 5 jours par semaine toute l'année.

** Il convient d'ajouter à ce total le Crédit municipal : 1 guichet dans les Côtes-d'Armor, 1 guichet dans le Finistère, 1 guichet dans l'Ille-et-Vilaine, 1 guichet dans le Morbihan.

Collecte des dépôts
Nombre de comptes gérés au 31 décembre 1995

Source : Banque de France — *Unité : millier*

	Côtes-d'Armor	Finistère	Ille-et-Vilaine	Morbihan	**Bretagne**
Comptes ordinaires	575	892	766	631	**2 864**
Comptes rémunérés	1 085	1787	1 560	1 309	**5 741**
Comptes créditeurs à terme	99	120	102	94	**415**
Comptes sur livrets	387	742	653	517	**2 299**
Comptes d'épargne-logement	127	200	176	123	**626**
Plans d'épargne-logement	150	233	200	175	**758**
Livrets d'épargne populaire	52	97	60	59	**268**
Plans d'épargne populaire (PEP)	87	132	116	108	**443**
Autres comptes d'épargne régime spécial	28	32	25	21	**106**
CODEVI	155	231	228	212	**826**

Dépôts et Titres de Créances Négociables centralisés en Bretagne
Encours au 31 décembre 1995

Source : Banque de France — *Unité : million de F.*

	Côtes-d'Armor	Finistère	Ille-et-Vilaine	Morbihan	**Bretagne**
Comptes ordinaires créditeurs	7 911	13 563	12 919	9 040	**43 433**
Comptes d'épargne à vue	10 913	20 531	16 589	13 456	**61 489**
Livrets	5 803	11 358	9 119	7555	**33 835**
Livrets d'épargne populaire	1 295	2 573	1 498	1 483	**6 849**
CODÉVI	1 817	2 793	2 649	2 326	**9 585**
Comptes d'épargne-logement	1 947	3 727	3 259	2 042	**10 975**
Autres comptes épargne à régime spécial	51	80	64	50	**245**
Plans d'épargne-logement	8 924	14 384	11 685	10 055	**45 048**
Plans d'épargne populaire	5 429	8 402	6 147	6 281	**26 259**
Comptes créditeurs à terme	3 475	4 626	4 778	3 867	**16 746**
Bons de caisse et bons d'épargne	968	2 218	1 447	1 281	**5 914**
Ensemble des dépôts	37 620	63 724	53 565	43 980	**198 889**
Certificats de dépôts	601	8 8879	1 235	1 257	**11 972**
Autres titres de créances négociables	29	2 070	210	52	**2 361**
Total titres de créances négociables	630	10 949	1 445	1 309	**14 333**

Répartition par agent économique de l'encours des dépôts au 31 décembre 1995

Source : Banque de France

	Bretagne		France	
	Million de F.	**en %**	De province en %	Entière en %
Sociétés	**13 631**	**6,9**	9,2	12,1
Entreprises individuelles	**22 156**	**11,1**	8,9	7,4
Particuliers	**155 989**	**78,4**	76,5	70,7
Divers	**7 114**	**3,6**	5,4	9,8
Total	**198 890**	**100,0**	100,0	100,0

BANQUES : Distribution du crédit
Crédits centralisés en Bretagne - Encours au 31 décembre 1995

Source : Banque de France — *Unité : million de F.*

	Côtes-d'Armor	Finistère	Ille-et-Vilaine	Morbihan	**Bretagne**
Créances commerciales	548	847	1 521	648	**3 564**
Crédits à l'exportation	48	154	39	34	**275**
Crédits de trésorerie	3 470	7 619	5 032	4 212	**20 333**
Ventes à tempérament	895	1 407	1 077	1 045	**4 424**
Prêts personnels	816	1 597	1 126	854	**4 393**
Utilisat. ouverture crédit	869	1 484	953	1 178	**4 484**
Crédit global d'exploitation	296	1 095	293	156	**1 840**
Divers	594	2 036	1 583	979	**5 192**
Crédits d'équipement	12 860	20 137	18 579	14 207	**65 783**
Crédits à l'habitat	10 653	19 538	19 825	14 506	**64 522**
Prêts non réglementés	4 979	8 546	9 104	6 316	**28 945**
Prêts conventionnés	1 779	4 565	4 402	3 557	**14 303**
Prêts d'épargne-logement	3 484	5 943	5 648	4 165	**19 240**
Autres prêts réglements	223	285	355	260	**1 123**
Crédits promoteurs	188	199	316	208	**911**
Comptes ordinaires débiteurs	1 123	2 476	2 458	1 470	**7 527**
Autres crédits	119	405	445	303	**1 272**
Crédits-bail	49	241	417	155	**862**
Total	28 870	51 417	48 316	35 535	**164 138**

Répartition par agent économique de l'encours des crédits au 31 décembre 1995

Source : Banque de France — *Unité : million de F.*

	Bretagne		France	
	Million de F.	**en %**	De province en %	Entière en %
Sociétés	**49 103**	**30,0**	31,1	37,6
Entreprises individuelles	**37 292**	**22,7**	16,3	11,3
Particuliers	**61 598**	**37,5**	40,5	33,6
Divers	**16 148**	**9,8**	12,1	17,5
Total	**164 141**	**100,0**	100,0	100,0

Crédits recensés au nom des bénéficiaires domiciliés en Bretagne, au 31 décembre 1995 *

Source : Banque de France — *Unité : million de F.*

	Côtes-d'Armor	Finistère	Ille-et-Vilaine	Morbihan	**Bretagne**
Agriculture, chasse, sylviculture	2 951	3 402	1 403	1 542	**9 298**
Pêche, aquaculture	134	1 138	106	458	**1 836**
Industries extractives	81	62	109	35	**287**
Industrie manufacturière	2 545	6 031	3 331	3 972	**15 879**
Production et distribution eau, gaz, électricité	290	388	355	705	**1 738**
Construction	240	283	354	222	**1 099**
Commerce, réparation auto et articles domestiques	2 381	4 233	3 564	3 040	**13 218**
Hôtels et restaurants	324	794	1 054	470	**2 642**
Transports et communications	245	1 064	1 063	517	**2 889**
Activités financières	81	508	741	343	**1 673**
Immobilier, locations et services aux entreprises	4 150	9 909	14 926	6 621	**35 606**
Administration publique	4 915	8 638	6 895	6 989	**27 437**
Éducation	52	148	261	84	**545**
Santé et action sociale	926	1 423	1 658	1 188	**5 195**
Services collectifs sociaux et personnels	371	822	515	525	**2 233**
Divers	14	25	64	22	**125**
Total	19 700	38 868	36 399	26 733	**121 700**

* Crédits consentis par les banques, les établissements financiers et divers organismes spécialisés, installés ou non dans la région, aux agents économiques non financiers y ayant leur siège social ou leur domicile. Ces crédits ne sont recensés que dans la mesure où ils dépassent un certain seuil (700 000 F) pour un même bénéficiaire chez un même déclarant.

CRÉDITS À L'HABITAT

Nouveaux crédits distribués par les établissements de crédit et la Caisse Nationale d'Épargne

Source : Banque de France *Unité : montant en million de F.*

		1994	1995
Selon l'objet			
Construction neuve	Nombre de dossiers	23 092	21 929
	Montant	4 648	4 036
Acquisition d'ancien	Nombre de dossiers	36 199	34 608
	Montant	6 948	6 255
Amélioration ou gros entretien	Nombre de dossiers	45 702	47 535
	Montant	2 634	2 369
Total	**Nombre de dossiers**	**104 993**	**104 072**
	Montant	**14 230**	**12 660**
Selon la nature			
Prêts conventionnés		1 470	1 255
Autres prêts éligibles au marché hypothécaire		1 561	1 456
Prêts principaux épargne logement		4 605	4 676
Autres prêts non aidés		6 594	5 273
Total		**14 230**	**12 660**
Par département			
Côtes-d'Armor	Nombre de dossiers	16 810	16 826
	Montant	2 027	1 883
Finistère	Nombre de dossiers	32 220	32 790
	Montant	3 915	3 671
Ille-et-Vilaine	Nombre de dossiers	32 355	31 570
	Montant	4 728	3 988
Morbihan	Nombre de dossiers	23 608	22 886
	Montant	3 560	3 118
Bretagne	**Nombre de dossiers**	**104 993**	**104 072**
	Montant	**14 230**	**12 660**

Affranchissements postaux

Source : La Poste — *Unité : millier de F.*

		Côtes-d'Armor	Finistère	Ille-et-Vilaine	Morbihan	**Bretagne**
Produits de la vente des figurines	1994	101 502	158 390	159 411	122 568	**541 871**
	1995	96 998	151 563	151993	118 052	**518 606**
Taxes perçues en numéraire	1994	183 651	302 913	786 089	348 602	**1 621 255**
	1995	181 895	313 544	850 433	331 594	**1 677 466**
Montant total des affranchissements	1994	285 153	461 303	945 500	471 170	**2 163 126**
	1995	278 893	465 108	1 002 427	449 645	**2 196 073**

Télécommunications

Source : Direction Régionale des Télécommunications

	Côtes-d'Armor	Finistère	Ille-et-Vilaine	Morbihan	**Bretagne**
Téléphone					
Nombre de lignes principales					
au 31 décembre 1994	284 206	434 886	436 468	315 008	**1 470 568**
au 31 décembre 1995	289 787	442 901	447 180	321 179	**1 501 047**
Accroissement 1995/1994 en %	2,0	1,8	2,5	2,0	**2,1**
Nombre de lignes pour 1000 hab. au 31 décembre 1995	535,6	527,7	533,1	505,4	**525,7**
Nombre de **minitels** au 31.12.1995					
Abonnés résidentiels	35 311	51 772	80 672	38 260	**206 015**
Abonnés professionnels	21 536	35 300	35 992	21 380	**114 208**
Télex					
Nombre d'abonnements au 31 décembre 1995	195	383	405	215	**1 198**
Liaisons spécialisées *					
Nombre de liaisons tous usages au 31 décembre 1995	1 732	3 522	5 102	1 054	**11 410**

* Une liaison spécialisée correspond à la mise à disposition permanente par l'exploitant public à un client d'une capacité de transport analogique ou numérique, avec des garanties de disponibilité et de qualité.
Ces liaisons étaient pour la Bretagne au nombre de 15 973 en 1991, 15 727 en 1992, 13 510 en 1993, 12 512 en 1994.

Budgets des collectivités territoriales
Tous les chiffres publiés correspondent aux mouvements réels de l'exercice. Sont donc exclus les excédents ou déficits reportés et les écritures d'ordre qui décrivent des transferts internes au budget n'entraînant pas de mouvement de trésorerie.

Recettes de fonctionnement
Elles recouvrent les ressources propres, principalement produits de l'exploitation (service payant) et du domaine (revenus du patrimoine), les transferts reçus et la fiscalité.

Dotation globale de fonctionnement (DGF)
Prélevée sur le budget de l'État, la DGF est le plus important transfert financier aux collectivités locales - les régions à l'exception de l'Ille-de-France n'en bénéficient pas.

Dotation générale de décentralisation (DGD)
Instituée par les lois de décentralisation de 1982 et 1983, elle est destinée à financer pour partie les accroissements de charges induits par l'attribution de nouvelles compétences aux trois niveaux de collectivités locales. Les régions reçoivent, en plus de ce financement globalisé, une dotation de décentralisation relative à la formation, professionnelle continue et à l'apprentissage. Elle est intégrée ici.

Fiscalité
Ressource première des collectivités locales, la fiscalité se partage en impôts directs, essentiellement les quatre taxes (fonçières bâtie et non bâtie, habitation, professionnelle), et une multitude d'impôts indirects. Les assemblées locales votent le taux ou le tarif de l'impôt.

Recettes d'investissement
Elles sont constituées des emprunts, des subventions spécifiques d'équipement et des participations, dont le fonds de compensation de la TVA et la dotation globale d'équipement qui s'est substituée à certaines subventions étatiques affectées.
Par écriture comptable, l'excédent de la section de fonctionnement ou épargne brute vient en complément de ces recettes réelles.

Dépenses de fonctionnement
Les frais de personnel, les frais financiers, les transferts versés et l'ensemble travaux-fournitures-services extérieurs totalisent plus de 90 % des dépenses de fonctionnement

Dépenses d'investissement
Elles comprennent surtout le remboursement en capital des emprunts, les subventions d'équipement versées et les dépenses d'équipement brut (acquisitions et travaux).

Pour en savoir plus :

- "Les comportements d'investissement des communes bretonnes de moins de 1000 habitants " - Octant n° 56-57 - Mars 1994 ;
- "Entre 1987 et 1993, forte progression des budgets communaux " - Octant n° 64 - Janvier 1996 ;
- "Les ressources des communes bretonnes 1987-1993, comparaison spatiale " - Dossier d'Octant n° 32 - Avril 1996 - INSEE-Trésorerie Générale de Bretagne ;

Publications de la Direction Générale des Collectivités Locales du Ministère de l'Intérieur :
- "Les budgets primitifs des départements en 1995" - Juillet 1995 ;
- "Les budgets primitifs des communes en 1995" - Septembre 1995 ;
- "Guide des ratios des communes de plus de 10 000 habitants en 1993" - Septembre 1995 ;
- "Guide des ratios des communes de moins de 10 000 habitants en 1993" - Décembre 1995 ;
- "La fiscalité directe locale en 1995" - Décembre 1995 ;
- "Les collectivités locales en chiffres" - Édition 1995 ;
- "Les finances des départements en 1993" - Mai 1996.

Budgets définitifs de la région et des départements

Source : Conseil régional, Trésorerie Générale *Unité : million de F.*

	Côtes-d'Armor	Finistère	Ille-et-Vilaine	Morbihan	**Total départements**	**Région**
			Exercice **1994**			
Recettes	1 811	2 751	2 533	2 323	**9 418**	**2 503**
Recettes de fonctionnement	1 426	2 321	2 099	1 729	**7 575**	**1 953**
*dont : DGF+DGD **	*291*	*514*	*346*	*298*	***1 449***	***198***
Fiscalité directe	*561*	*890*	*911*	*790*	***3 152***	***997***
dont : foncier bâti	126	208	161	211	**706**	**215**
foncier non bâti	20	15	14	17	**66**	**2**
taxe d'habitation	132	236	195	201	**7 640**	**255**
taxe professionnelle	199	321	437	261	**1 218**	**443**
Fiscalité indirecte	*300*	*457*	*479*	*366*	***1 602***	***483***
Recettes d'investissement	385	430	434	594	**1 843**	**550**
dont : Emprunts	*255*	*270*	*200*	*425*	***1 150***	***191***
Subventions participations	*109*	*145*	*215*	*144*	***613***	***246***
Dépenses	1 812	2 716	2 686	2 222	**9 436**	**2 466**
Dépenses de fonctionnement	1 228	1 898	1 667	1 344	**6 157**	**898**
dont : Frais de personnel	*302*	*278*	*246*	*180*	***1 006***	***49***
Frais financiers	*115*	*148*	*96*	*143*	***502***	***93***
Dépenses d'investissement	584	818	1 019	878	**3 299**	**1 568**
dont : Remboursements d'emprunts	*146*	*129*	*146*	*159*	***580***	***86***
Dépenses d'équipement brut	*230*	*259*	*410*	*251*	***1 150***	***432***
			Exercice **1995**			
Recettes	1 810	2 763	2 628	2 158	**9 359**	**2 534**
Recettes de fonctionnement	1 464	2 416	2 115	1 749	**7 744**	**2 055**
*dont : DGF+DGD **	*310*	*513*	*356*	*304*	***1 483***	***235***
Fiscalité directe	*611*	*958*	*962*	*822*	***3 353***	***1 080***
dont : foncier bâti	140	227	170	223	**760**	**234**
foncier non bâti	12	9	8	10	**39**	**2**
taxe d'habitation	146	252	203	210	**811**	**274**
taxe professionnelle	222	347	465	270	**1 304**	**482**
Fiscalité indirecte	*305*	*461*	*481*	*380*	***1 627***	***486***
Recettes d'investissement	346	347	513	409	**1 615**	**479**
dont : Emprunts	*202*	*200*	*250*	*250*	***902***	***131***
Subventions participations	*127*	*136*	*237*	*131*	***631***	***260***
Dépenses	1 817	2 751	2 612	2 144	**9 324**	**2 465**
Dépenses de fonctionnement	1 246	1 942	1 631	1 338	**6 157**	**938**
dont : Frais de personnel	*325*	*303*	*263*	*194*	***1 085***	***55***
Frais financiers	*113*	*148*	*85*	*145*	***491***	***90***
Dépenses d'investissement	571	809	981	806	**3 167**	**1 527**
dont : Remboursements d'emprunts	*132*	*157*	*113*	*146*	***548***	***231***
Dépenses d'équipement brut	*266*	*254*	*420*	*243*	***1 183***	***304***

* DGF : Dotation Globale de Fonctionnement - DGD : Dotation Générale de Décentralisation.

Le budget de la région

Anciennement établissements publics territoriaux (1972), les régions sont devenues des collectivités locales lors de l'élection des conseillers régionaux au suffrage universel en 1986. Les lois de décentralisation se sont alors pleinement appliquées : transfert de l'exécutif du Préfet au président élu du conseil régional, autonomie de fonctionnement, remplacement de la tutelle administrative par un contrôle de légalité a postériori...

Les régions ont reçu compétence pour "promouvoir le développement économique, social, sanitaire, culturel et scientifique de la région, l'aménagement de son territoire et pour assurer la préservation de son identité dans le respect de l'intégrité, de l'autonomie et des attributions des départements et des communes". Des attributions particulières leur ont également été transférées : la formation professionnelle continue, l'apprentissage, les aides à la pêche côtière et aux entreprises de culture marine, les ports fluviaux et les voies navigables. Mais c'est l'enseignement qui pèse le plus sur les budgets : fonctionnement, hors dépenses pédagogiques et de personnel, construction et équipement des lycées, établissements d'éducation spéciale, écoles de formation maritime et certains établissements d'enseignement agricole.
Pour accomplir ces nombreuses missions, les régions s'appuient sur divers organismes consultatifs, dont le Comité Économique et Social, et interviennent par des participations financières et la réalisation d'équipements. De plus, leur rôle en matière de planification a été renforcé : plan régional, contrats de plan État-région, participation au plan national.

Au niveau financier, les transferts de compétences ont fait l'objet de compensations -en principe intégrales - de l'État sous forme d'impôts et de dotations de décentralisation. En 1988, les régions ont obtenu de fixer librement les taux et abattements des quatre taxes locales, ce qui alignait leur fiscalité directe sur celle des communes et départements.

Le budget primitif est la deuxième étape de la procédure budgétaire, après la session d'orientation budgétaire en octobre-novembre. Le budget primitif de l'année doit être voté en équilibre avant le 31 mars et transmis au Préfet avant le 15 avril. Le décalage résulte de l'attente d'informations indispensables à son vote, les dotations de l'État et les bases d'imposition, communiquées seulement en janvier. Des décisions modificatives peuvent ensuite être adoptées jusqu'au 31 décembre. L'exercice budgétaire est clos à cette date mais il faut attendre le vote du compte administratif, au plus tard le 30 juin de l'année suivante, pour connaître le budget définitif.

Pour en savoir plus :

- Budget primitif 1996 et publications complémentaires - Conseil Régional de Bretagne ;
- "La lettre de la Région Bretagne" (mensuelle) - Conseil Régional de Bretagne ;

Publications de la Direction Générale des Collectivités Locales du Ministère de l'Intérieur :
- "Les budgets primitifs des régions en 1996" - Août 1996 ;
- "Guide des ratios des régions" - Septembre 1995 ;
- "La fiscalité directe locale en 1995" - Décembre 1995 ;
- "Les collectivités locales en chiffres" - Édition 1995 ;
- "Les finances régionales en 1994" - Mars 1996.

Région de Bretagne - Budget primitif 1995

Source : Conseil Régional

DÉPENSES	
Interventions	**2 351**
Formation	**1 291**
Formation continue et apprentissage	497
Fonctionnement des établissemnts scolaires transférés	225
Investissement dans les établissements d'enseignement	569
Développement économique et recherche	**425**
Recherche et Innovation	101
Agriculture aquaculture et pêche	125
Incitations économiques	199
Aménagément du territoire et transports	**360**
Aménagement du territoire	126
Transports et infrastuctures	234
Qualité de la vie et tourisme	**177**
Tourisme	57
Qualité de la vie	120
dont : Fonds d'aménagement urbain et rural	*40*
Qualité des eaux	*45*
Autres	*35*
Action sociales, culturelles et sportives	**80**
Divers	**18**
Études et promotion, prospective	7
Fonds d'intervention régional	11
Dépenses générales	**419**
Administration générale	61
Personnel permanent	63
Opérations mobilières et immobilières hors programme	51
Services de la dette	205
Autres dépenses	21
Admissions en non valeur	18
Total des dépenses	**2 770**

RECETTES	
Fiscalité indirecte	**467**
Taxe sur les permis de conduire	16
Taxe sur les cartes grises	310
Taxe additionnelle aux droits de mutation	141
Fiscalité directe	**1 109**
Produits des taxes	1 036
Allocations compensatrices	73
Crédits transférés par l'État	**639**
Dotation Générale de Décentralisation (DGD)	208
Dotation pour la F. P. et l'apprentissage	173
Dotation régionale d'équipement scolaire	112
Autres participations	146
Emprunts	**300**
Recettes diverses	**255**
Fonds de compensation de la TVA	65
Remboursements de prêts et prod. financiers	85
Fonds de correction des déséquilibres régionaux	34
Autres participations et subventions	70
Total des recettes	**2 770**

Entreprises
Énergie
Agriculture
Pêche
Industrie
Construction
Secteur tertiaire

SYSTÈME PRODUCTIF

SIRÈNE

Conformément au décret de 1973, sont inscrites au répertoire national des entreprises et des établissements, plus connu sous le nom de Sirène toutes les entreprises et leurs établissements.

On appelle entreprise toute personne physique ou morale qui exerce de manière indépendante une activité non salariée, qui est juridiquement et financièrement responsable et autonome.

L'établissement correspond à tout lieu topographiquement distinct où s'exerce l'activité pour le compte de l'entreprise pendant une durée d'au moins 6 mois.
A partir de ce fichier il est possible de produire des statistiques sur le nombre d'entreprises selon leur taille, leur activité, leur localisation, et leur date de création.
Les reprises se distinguent des créations par l'existence d'un prédécesseur inscrit au fichier.

BRIDGE

Créée à l'initiative de l'Insee, BRIDGE (Base Relationnelle Interrégionale de Données sur les Grands Établissements) est une base de données sur les Grands Établissements, ceux-ci étant définis par un seuil d'au moins 50 salariés. Issue du FGE (Fichier des Grands Établissements), elle en a repris les données et le principe. Elle permet de suivre à un niveau fin à la fois l'emploi et le tissu économique des établissements importants. Pour faire partie de cette base, un établissement doit avoir atteint au moins une fois le seuil des 50 salariés depuis 1986. Tous les ans, les éta- blissements atteignant pour la première fois 50 salariés y sont intégrés avec leurs effectifs des années antérieures. Ceux qui, à l'inverse, n'ont pas atteint le seuil des 50 salariés au cours des dix dernières années en sont exclus. C'est la raison pour laquelle, pour une année donnée et après la mise à jour annuelle, les comptages diffèrent de l'année précédente.

Dans les pages suivantes sont présentés seulement les établissements relevant des activités de l'industrie, du bâtiment, du commerce et des transports à l'exclusion des autres activités.

A compter du 1er janvier 1993, l'harmonisation européenne a conduit à mettre en place la **NAF**, nomenclature d'activités française. Les regroupements en 16 et 36 postes constituent la **NES**, nomenclature économique de synthèse.

Pour en savoir plus :

- "Importance en 1993 des petites entreprises industrielles" - Octant n° 64 - Janvier 1996 - p. 15-20 ;
- "Les cessations d'entreprises depuis 1989" - INSEE Première n° 463 - Juin 1996 - 4 p. ;
- "Images économiques des entreprises au 1.01.1994" - INSEE Résultats : système productif - n° 100 à 107 - Mai 1996 - 1 178 p. - 3 tomes ;
- "1994 : l'année des grandes entreprises" - INSEE Première n° 312 - 4 p. ;
- "Les créateurs d'entreprises" - La société française : données sociales 1996 - p. 174-180 - INSEE ;
- "Recul des défaillances d'entreprises en 1994" - INSEE Première n° 416 - Décembre 1995 - 4 p.

Entreprises de plus de 500 salariés au 31 décembre 1995
Industrie, B.T.P., Transports, Commerce

Raison sociale	Activité principale		Implantation des principaux établissements	Effectif Total en Bretagne	Département du siège social
10 000 salariés et plus					
AUTOMOBILES CITROËN	Construction de véhicules automobiles	35	Chartres-de-Bretagne, Rennes.	11 781	92
5 000 à 9 999 salariés					
DIRECTION DES CONSTRUCTIONS NAVALES	Construction navale	29	Brest.	5 858	29
2 000 à 4 999 salariés					
SNCF	Transports ferroviaires		Ensemble Bretagne.	3 770	75
EDF - GDF	Production et distribution d'électricité et de gaz		Ensemble Bretagne.	3 143	75
DIRECTION DES CONSTRUCTIONS NAVALES	Construction navale	56	Lorient.	3 040	56
CASINO FRANCE	Exploitation d'hypermarchés		Ensemble Bretagne.	2 207	42
1 000 à 1 999 salariés					
CIT ALCATEL	Fabrication d'appareils de téléphonie	22	Lannion.	1 938	75
SOCIETE VITRÉENNE D'ABATTAGE	Industrie des viandes	22 35	Trémorel, Vitré, Liffré.	1 596	35
LABORATOIRES YVES ROCHER	Fabrication de parfums et de produits pour la toilette	56	La Gacilly, Rieux, Ploërmel.	1 473	56
MATRA COMMUNICATION	Fabrication d'appareils de téléphonie	29 35	Douarnenez, Pont-de-Buis, Quimper, Rennes.	1 472	29
COOPERL HUNAUDAYE	Industrie des viandes	22 35	Lamballe, Montfort, Vitré.	1 333	22
OUEST-FRANCE	Édition de journaux	35	Rennes.	1 318	35
UNICOPA	Industrie des viandes fabrication de produits laitiers et d'aliments pour animaux	22 29 56	Grâces, Loudéac, St-Agathon, Carhaix, Cast, Morlaix, Languidic.	1 271	29
GROUPE BIGARD	Industrie des viandes	29	Quimperlé.	1 097	29

Entreprises de plus de 500 salariés au 31 décembre 1995
Industrie, B.T.P., Transports, Commerce

Raison sociale	Activité principale	Implantation des principaux établissements		Effectif Total en Bretagne	Département du siège social
THOMSON-CSF	Fabrication d'équipements d'aide à la navigation	29	Brest.	1 025	75
KERMÉNÉ SA	Industrie des viandes	22	Saint-Jacut-Du-Méné.	1 023	22
500 à 999 salariés					
SOCIÉTE BRETONNE DE FONDERIE MÉCANIQUE	Fonderie	56	Caudan.	996	56
COMPTOIRS MODERNES ÉCONOMIQUES DE RENNES (CMER)	Supermarchés	35 22	Cesson-Sévigné, Chartres-de-B., Rennes, Quévert	980	35
SAT TÉLÉCOM	Fabrication d'appareils de téléphonie	22	Lannion, Quévert.	974	75
SOGRAMO FRANCE	Exploitation d'hypermarchés	22 35	Langueux, Cesson-Sévigné, Rennes.	897	91
BERNARD SOCIÉTÉ ANONYME	Industrie des viandes	56	Moréac.	875	56
ETS LE COUVIOUR	Fabrication de meubles meublants	56	Pluvigner.	862	56
ENTREMONT SA	Industrie laitière	29 35 56	Quimper, Montauban, St-Méen-le-Grand Missiriac.	857	74
ALCATEL BUSINESS SYSTEMS	Fabrication d'appareils de téléphonie	29	Brest.	848	75
MANUFACTURE FRANÇAISE DES PNEUMATIQUES MICHELIN	Fabrication de pneumatiques	56	Vannes.	789	63
CHAFFOTEAUX ET MAURY	Fabrication d'appareils domestiques	22	Ploufragan.	787	78
CONTINENT HYPERMARCHÉS	Exploitation d'hypermarchés	29 35 56	Quimper, Saint-Malo, Vannes.	751	14
PDM INDUSTRIES	Fabrication de papier et de carton	29	Quimperlé.	747	29
TILLY SA	Industrie des viandes	29	Guerlesquin.	731	29
SAGEM	Fabrication d'appareils de téléphonie	35	Fougères.	724	75

Entreprises de plus de 500 salariés au 31 décembre 1995
Industrie, B.T.P., Transports, Commerce

Raison sociale	Activité principale	Implantation des principaux établissements		Effectif Total en Bretagne	Département du siège social
LOUIS GAD SA	Industrie des viandes	29	Lampaul-Guimiliau.	690	29
CANON BRETAGNE SA	Fabrication de machines de bureau	35	Liffré.	675	35
TIMAC SA	Fabrication de produits azotés et d'engrais	35	Saint-Malo.	675	35
STG STÉ TRANSPORTS GAUTIER	Transport routier de marchandises	35	Noyal-Sur-Vilaine.	673	35
DOUX INDUSTRIE CHÂTEAULIN	Industrie des viandes	29	Châteaulin.	663	29
OLYMPIG	Industrie des viandes	56	Josselin.	659	56
GALINA INDUSTRIE PLEUCADEUC	Industrie des viandes	56	Pleucadeuc.	653	29
COOPER AGRICULTEURS BRETAGNE	Commerce de gros de produits alimentaires de produits agricoles bruts fabrication d'aliments	22 29 56	Lamballe Landerneau Quimper Le Sourn	642	29
THOMSON BROADCAST SYSTEMS	Fabrication d'équipements d'émission et transmission	29 35	Plouzané Cesson-Sévigné	618	95
SOC DES TRPTS URBAINS RENNAIS	Transport urbain de voyageurs	35	Rennes.	601	92
EURL KERBOR	Exploitation d'hypermarchés	29	Gouesnou, Landerneau.	598	29
LE JOINT FRANÇAIS	Industrie du caoutchouc	22	Saint-Brieuc.	574	75
CEGELEC	Travaux d'installation électrique	22 29 35	Lannion, Quimper, Rennes.	573	92
TÉLÉGRAMME DE BREST ET OUEST	Édition de journaux	29	Brest, Morlaix, Quimper.	568	29
LANVAUX SA	Industrie des viandes	56	Bignan.	553	56
JEAN STALAVEN SA	Industrie des viandes	22	Saint-Brieuc, Yffiniac.	551	22
STANDARD PRODUCTS INDUSTRIEL	Fabrication d'équipements automobiles	35	Vitré.	536	95
ÉTABLISSEMENT BOURGOIN	Industrie des viandes	22 56	Corlay. Guiscriff.	532	89

Nombre d'établissements actifs au 31 décembre 1995

Source : INSEE-SIRENE

NES36	Côtes-d'Armor	
	Total	*dont 10 salariés et plus*
Agriculture, sylviculture, pêche	10 569	*30*
Industries agricoles et alimentaires	853	*124*
Habillement, cuir	58	*11*
Édition, imprimerie, reproduction	140	*17*
Pharmacie, parfumerie et entrerien	12	*5*
Industries des équipements du foyer	243	*28*
Industrie automobile	13	*7*
Construction navale, aéronautique et ferroviaire	43	*0*
Industrie des équipements mécaniques	202	*38*
Industries des équipements électriques et électroniques	80	*24*
Industries des produits minéraux	155	*45*
Industrie textile	20	*6*
Industries du bois et du papier	101	*33*
Chimie, caoutchouc, plastiques	34	*11*
Métallurgie et transformations des métaux	116	*19*
Industries des composants électriques et électroniques	13	*10*
Production de combustibles et de carburants	2	*0*
Eau, gaz, électricité	107	*10*
Construction	3 290	*200*
Commerce et réparation automobile	762	*65*
Commerce de gros	1 031	*150*
Commerce de détail, réparations	3 857	*138*
Transports	724	*80*
Activités financières	721	*40*
Activités immobilières	511	*5*
Postes et télécommunications	151	*78*
Conseils et assistance	997	*59*
Services opérationnels	822	*50*
Recherche et développement	7	*1*
Hôtels et restaurants	2 694	*72*
Activités récréatives culturelles et sportives	812	*35*
Services personnels et domestiques	963	*10*
Éducation	946	*120*
Santé action sociale	2 541	*233*
Administration publique	578	*195*
Activités associatives et extra-territoriales	394	*38*
Ensemble des établissements actifs	34 562	*1 987*

Finistère		Ille-et-Vilaine		Morbihan		**Bretagne**	
Total	*dont 10 salariés et plus*	Total	*dont 10 salariés et plus*	Total	*dont 10 salariés et plus*	**Total**	***dont 10 salariés et plus***
8 934	*57*	7 873	*30*	6 586	*30*	**33 962**	***147***
1 168	*232*	1 101	*149*	1 039	*152*	**4 161**	***657***
69	*18*	101	*35*	58	*17*	**286**	***81***
201	*32*	321	*44*	187	*15*	**849**	***108***
6	*7*	16	*11*	10	*9*	**44**	***32***
337	*14*	399	*48*	331	*19*	**1 310**	***109***
6	*6*	27	*16*	12	*5*	**58**	***34***
95	*23*	48	*6*	98	*21*	**284**	***50***
276	*99*	264	*79*	211	*65*	**953**	***281***
167	*32*	164	*47*	136	*18*	**547**	***121***
184	*38*	209	*73*	159	*32*	**707**	***188***
39	*8*	26	*10*	44	*5*	**129**	***29***
113	*16*	144	*24*	93	*36*	**451**	***109***
42	*27*	47	*35*	48	*37*	**171**	***110***
170	*49*	159	*53*	156	*30*	**601**	***151***
20	*13*	27	*33*	12	*8*	**72**	***64***
1	*0*	2	*0*	3	*0*	**8**	***0***
261	*17*	108	*14*	91	*7*	**567**	***48***
4 441	*329*	3 811	*326*	3 963	*210*	**15 505**	***1 065***
1 019	*110*	1 075	*103*	829	*74*	**3 685**	***352***
1 589	*306*	1 824	*323*	1 179	*195*	**5 623**	***974***
5 918	*311*	5 388	*241*	4 589	*202*	**19 752**	***892***
1 059	*179*	1 011	*196*	808	*146*	**3 602**	***601***
1 296	*83*	1 131	*95*	838	*56*	**3 986**	***274***
626	*20*	1 235	*28*	661	*19*	**3 033**	***72***
162	*89*	167	*97*	112	*68*	**592**	***332***
1 597	*172*	2 244	*268*	1 393	*112*	**6 231**	***611***
1 264	*109*	1 299	*123*	1 038	*59*	**4 423**	***341***
18	*11*	42	*11*	6	*1*	**73**	***24***
4 038	*176*	3 282	*163*	3 343	*108*	**13 357**	***519***
1 076	*68*	969	*53*	959	*25*	**3 816**	***181***
1 465	*16*	1 423	*17*	1 114	*13*	**4 965**	***56***
1 248	*175*	1 314	*213*	997	*104*	**4 505**	***612***
4 043	*402*	3 949	*304*	3 243	*250*	**13 776**	***1 189***
569	*248*	684	*234*	467	*194*	**2 298**	***871***
572	*66*	629	*64*	388	*27*	**1 983**	***195***
44 089	*3 558*	42 513	*3 566*	35 201	*2 369*	**156 365**	***11 480***

Grands établissements de l'industrie, du bâtiment, des transports et du commerce

Source : INSEE (BRIDGE : établissements ayant employé au moins une fois 50 salariés entre 1986 et 1995)

Bretagne - Nombre total d'établissements actifs au 31 décembre	1987	1989	1991	1993	1995
Industries agricoles et alimentaires	**276**	**286**	**292**	**289**	**282**
Industries des biens de consommation	**124**	**124**	**121**	**120**	**113**
Habillement, cuir	58	56	54	53	48
Édition, imprimerie, reproduction	19	21	20	20	19
Pharmacie, parfumerie et entretien	15	16	16	17	17
Industries des équipements du foyer	32	31	31	30	29
Industrie automobile	**13**	**14**	**14**	**14**	**14**
Industries des biens d'équipement	**135**	**137**	**141**	**140**	**136**
Construction navale aéronautique et ferroviaire	22	22	24	24	25
Industries des équipements mécaniques	67	69	70	68	66
Industries des équipements électr. et électroniques	46	46	47	48	45
Industries des biens intermédiaires	**181**	**188**	**192**	**193**	**194**
Industries des produits minéraux	30	30	30	29	29
Industrie textile	9	9	10	9	9
Industries du bois et du papier	41	41	41	40	38
Chimie, caoutchouc, plastiques	35	39	41	44	45
Métallurgie et transformation des métaux	47	48	48	48	48
Industrie des composants électr. et électroniques	19	21	22	23	25
Énergie	**31**	**33**	**33**	**33**	**34**
Construction	**164**	**163**	**162**	**158**	**151**
Commerce	**312**	**326**	**339**	**337**	**331**
Commerce et réparation automobile	41	43	43	42	42
Commerce de gros	148	152	158	156	149
Commmerce de détail et réparations	123	131	138	139	140
Transports	**125**	**138**	**143**	**138**	**136**
Total Bretagne	**1 361**	**1 409**	**1 437**	**1 422**	**1 391**

Effectifs salariés des grands établissements de l'industrie, du bâtiment, des transports et du commerce

Source : INSEE (BRIDGE : établissements ayant employé au moins une fois 50 salariés entre 1986 et 1995)

Bretagne - Effectifs salariés actifs au 31 décembre	1987	1989	1991	1993	1995	variation 95-94
Industries agricoles et alimentaires	**39 536**	**41 207**	**43 351**	**42 701**	**43 876**	**+ 851**
Industries des biens de consommation	**16 826**	**17 395**	**17 136**	**16 230**	**15 401**	**- 222**
Habillement, cuir	6 271	6 567	6 171	5 818	5 096	- 315
Édition, imprimerie, reproduction	3 285	3 454	3 310	3 230	3 184	- 101
Pharmacie, parfumerie et entretien	2 585	2 744	3010	2 670	2 628	+ 7
Industries des équipements du foyer	4 685	4 630	4 645	4 512	4 493	+ 187
Industrie automobile	**12 078**	**13 227**	**13 116**	**12 301**	**11 522**	**- 330**
Industries des biens d'équipement	**30 576**	**30 662**	**30 239**	**28 537**	**28 805**	**+ 155**
Construction navale, aéronautique et ferroviaire	12 964	12 975	12 372	11 923	11 550	- 100
Industries des équipements mécaniques	5 513	5 814	5 862	5 276	5 575	+ 173
Industries des équipements électr. et électroniques	12 099	11 873	12 005	11 338	11 680	+ 82
Industries des biens intermédiaires	**22 961**	**24 204**	**24 759**	**23 235**	**24 206**	**+ 360**
Industries des produits minéraux	2 499	2 578	2 610	2 271	2 268	- 13
Industrie textile	983	1 030	978	964	1 010	+ 2
Industries du bois et du papier	4 702	4 852	4 815	4 427	4 121	- 302
Chimie, caoutchouc, plastiques	6 507	7 300	7 677	7 253	8 112	+ 581
Métallurgie et transformation des métaux	6 416	6 435	6 302	5 936	6 001	+ 62
Industrie des composants électr. et électroniques	1 854	2 009	2 377	2 384	2 694	+ 30
Énergie	**4 930**	**4 881**	**4 672**	**4 453**	**4 436**	**- 16**
Construction	**13 304**	**13 112**	**12 918**	**12 049**	**11 489**	**- 173**
Commerce	**26 803**	**28 269**	**29 852**	**28 777**	**30 042**	**+ 1 030**
Commerce et réparation automobile	3 074	3 076	3 039	2 959	3 000	+ 38
Commerce de gros	11 585	11 668	11 863	10 870	11 012	+ 288
Commerce de détail et réparations	12 144	13 525	14 950	14 948	16 030	+ 704
Transports	**14 470**	**15 982**	**16 533**	**16 165**	**16 933**	**+ 436**
Total Bretagne	**181 484**	**188 939**	**192 576**	**184 448**	**186 710**	**+ 2 091**

Créations d'entreprises par activité durant l'année 1995

Source : INSEE Démo

	Côtes-d'Armor		
	Créations nouvelles	Reprises	Total
Industries agricoles et alimentaires	23	40	63
Autres industries	57	17	74
Construction	152	33	185
Commerce	295	128	423
dont : commerce et réparation automobile	*14*	*15*	*29*
commerce de gros	*62*	*10*	*72*
commerce de détail, réparations	*219*	*103*	*322*
Transports	41	13	54
Activités financières	25	4	29
Activités immobilières	16	2	18
Services aux entreprises	133	17	150
Services aux particuliers	155	258	413
dont : hôtels et restaurants	*63*	*225*	*288*
activités récréatives, culturelles et sportives	*41*	*9*	*50*
services personnels	*51*	*24*	*75*
Éducation, santé, action sociale	73	30	103
dont : éducation	*13*	*7*	*20*
santé, action sociale	*60*	*23*	*83*
Ensemble	970	542	1 512

Finistère			Ille-et-vilaine			Morbihan			**Bretagne**		
Créat. nouv.	Reprises	Total	Créat. nouv.	Reprises	Total	Créat. nouv.	Reprises	Total	Créat. nouv.	Reprises	Total
48	58	106	34	50	84	40	46	86	145	194	**339**
107	36	143	143	31	174	111	38	149	418	122	**540**
214	63	277	206	49	255	203	50	253	775	195	**970**
459	206	665	481	251	732	390	151	541	1 625	736	**2 361**
32	*31*	*63*	*49*	*36*	*85*	*23*	*28*	*51*	*118*	*110*	***228***
141	*18*	*159*	*157*	*22*	*179*	*87*	*8*	*95*	*447*	*58*	***505***
286	*157*	*443*	*275*	*193*	*468*	*280*	*115*	*395*	*1 060*	*568*	***1 628***
69	11	80	65	14	79	49	12	61	224	50	**274**
52	6	58	74	6	80	48	2	50	199	18	**217**
56	3	59	68	8	76	47	1	48	187	14	**201**
235	16	251	300	29	329	189	18	207	857	80	**937**
260	319	579	190	338	528	226	293	519	831	1 208	**2 039**
92	*273*	*365*	*58*	*290*	*348*	*88*	*264*	*352*	*301*	*1 052*	***1 353***
79	*15*	*94*	*62*	*4*	*66*	*80*	*10*	*90*	*262*	*38*	***300***
89	*31*	*120*	*70*	*44*	*114*	*58*	*19*	*77*	*268*	*118*	***386***
173	17	190	171	23	194	135	10	145	552	80	**632**
30	*3*	*33*	*39*	*10*	*49*	*27*	*2*	*29*	*109*	*22*	***131***
143	*14*	*157*	*132*	*13*	*145*	*108*	*8*	*116*	*443*	*58*	***501***
1 673	735	2 408	1 732	799	2 531	1 438	621	2 059	5 813	2 697	**8 510**

Mouvements de main-d'oeuvre

Chaque mois les établissements employant au moins 50 salariés adressent aux Directions Départementales du Travail et de l'Emploi une déclaration obligatoire indiquant leurs effectifs en début et fin de mois, ainsi que les entrées et les sorties du mois. De plus, plusieurs précisions sont données pour chaque mouvement : âge et nationalité de l'individu, type d'emploi, qualification, date et motif du mouvement.

Les établissements tenus de remplir ce formulaire appartiennent grosso-modo au champ du secteur privé. Pour la Bretagne, cela représente environ 1 400 établissements occupant 170 000 salariés. L'exploitation statistique de ces documents est particulièrement intéressante pour suivre et comprendre les évolutions de l'emploi au niveau départemental, régional et même local. La collecte est effectuée par les Directions Départementales du Travail. L'exploitation est ensuite réalisée chaque mois, par la Direction Régionale du Travail et la Direction Régionale de l'Insee.

Les variables âge, sexe, date d'entrée et de sortie, motif des mouvements sont prises en compte lorsqu'elles existent, mais ne font l'objet d'aucun redressement.

Les indicateurs utilisés sont définis comme suit :

- **taux d'entrée mensuel :**
  entrées du mois/effectif début de mois
- **taux de sortie mensuel :**
  sorties du mois/effectif début de mois
- **taux d'entrée annuel :**
  entrées de l'année/effectif début de l'année
- **taux de sortie annuel :**
  sorties de l'année/effectif début de l'année
- **taux de rotation, parfois appelé "turn-over" :**
  $\frac{(\text{taux d'entrée + taux de sortie})}{2}$

Pour en savoir plus :

- "BRET" - Revue de la Direction Régionale du Travail, de l'Emploi et de la Formation Professionnelle de Bretagne ;
- "Les mouvements de main-d'oeuvre en 1994" - INSEE Première - n°407 - Novembre 1995 - 4 p. ;
- "Les mouvements de main-d'oeuvre dans les établissements de 50 salariés ou plus, année 1994" -INSEE Résultats : Emploi-Revenus n° 94 - Novembre 1995 - 138 p. ;
- "Premières informations" - Ministère du Travail et des Affaires Sociales (DARES) - 6 p. ;
- "Résultats provisoires de l'enquête trimestrielle sur l'activité et les conditions d'emploi de la main-d'oeuvre au 1er janvier 1996" - Premières informations - DARES - 2 p.

Taux de rotation de la main-d'oeuvre selon l'activité *

Source : Ministère du Travail - Déclarations des mouvements de main d'oeuvre — *Unité : %*

1995	Côtes-d'Armor	Finistère	Ille-et-Vilaine	Morbihan	Bretagne
Industries agricoles et alimentaires	24,1	47,4	47,1	74,6	**52,1**
Industries des biens de consommation	20,4	29,0	41,0	8,0	**29,6**
dont : Habillement, cuir	*44,3*	*21,4*	*18,0*	*10,8*	***20,8***
Édition, imprimerie, reproduction	-	*46,8*	*78,2*	*4,0*	***69,1***
Pharmacie, parfumerie et entretien	*49,7*	*14,2*	*23,2*	*4,4*	***10,3***
Industrie des équipements du foyer	*8,1*	*12,2*	*24,6*	*24,2*	***17,9***
Industrie automobile	17,0	13,7	2,8	104,0	**4,1**
Industries des biens d'équipements	11,0	17,8	22,5	32,3	**20,3**
dont : Construction navale, aéronautique et ferroviaire	-	*40,1*	*12,5*	*49,5*	***33,4***
Industries des équipements mécaniques	*12,9*	*19,2*	*24,5*	*21,1*	***21,7***
Industries équipements électr. et électroniques	*10,5*	*13,1*	*23,6*	*27,0*	***17,0***
Industries des biens intermédiaires	22,2	15,6	23,6	23,8	**21,9**
dont : Industries des produits minéraux	*6,8*	*16,7*	*10,0*	*28,0*	***13,0***
Industrie textile	-	*6,4*	*4,7*	*41,0*	***8,4***
Industries du bois et du papier	*22,4*	*11,1*	*16,4*	*13,0*	***15,3***
Chimie, caoutchouc, plastique	*23,0*	*17,8*	*44,8*	*23,2*	***27,7***
Métallurgie et transformation des métaux	*15,3*	*20,6*	*28,0*	*26,2*	***23,4***
Industries composants électr. et électroniques	*41,3*	-	*21,7*	*48,9*	***27,6***
Énergie	22,4	14,6	21,7	-	**19,8**
Construction	14,5	18,1	14,3	18,3	**16,1**
Commerce	64,4	44,9	62,2	49,9	**55,3**
dont : Commerce et réparation automobile	*19,0*	*16,0*	*18,8*	*15,3*	***17,1***
Commerce de gros	*38,9*	*21,9*	*27,7*	*22,6*	***27,3***
Commerce de détail, réparation	*91,4*	*70,3*	*89,3*	*74,5*	***81,9***
Transports	33,7	21,7	31,8	43,2	**32,7**
Activites financières	24,4	19,1	35,9	35,6	**28,5**
Activites immobilières	-	50,6	24,0	-	**35,6**
Services aux entreprises	27,4	66,5	57,9	77,5	**54,5**
dont : Poste et télécommunications	-	-	*9,6*	-	***9,6***
Conseils et assistance	*4,3*	*14,3*	*21,1*	*24,1*	***13,4***
Services opérationnels	*103,7*	*118,1*	*109,9*	*94,1*	***108,6***
Recherche, développement	-	*9,0*	-	-	***9,0***
Service aux particuliers	-	78,1	47,3	67,8	**63,1**
dont : Hôtels et restaurants	-	-	*47,6*	*62,3*	***60,3***
Activités récréatives, culturelles et sportives	-	-	*33,8*	-	***33,8***
Services personnels et domestiques	-	*78,1*	*97,8*	*134,1*	***104,5***
Éducation, santé, action sociale	63,8	75,7	117,8	60,1	**82,4**
dont : Éducation	*24,7*	*38,9*	*47,8*	*36,9*	***39,5***
Santé, action sociale	*66,4*	*79,1*	*129,6*	*65,6*	***87,9***
Administration	25,2	22,8	28,0	26,4	**25,6**
dont : Administration publique	*18,8*	*7,8*	*15,5*	*19,8*	***15,7***
Activiés associatives et extra-territoriales	*33,6*	*31,4*	*57,1*	*37,4*	***38,5***
Ensemble	35,0	37,8	37,3	49,3	**39,4**
dont : Industrie (hors construction)	*21,4*	*32,6*	*23,1*	*45,3*	***31,3***
Tertiaire (transports, commerce, services)	*45,5*	*44,7*	*57,1*	*57,7*	***50,3***

* Ce tableau ne concerne que les établissements de 50 salariés ou plus ayant fait 12 déclarations au cours de l'année.

Mouvements de main-d'oeuvre - Taux mensuels

Source : Ministère du Travail - Déclarations des mouvements de main d'oeuvre — *Unité : %*

1995	J	F	M	A	M	J	J	A	S	O	N	D
Taux d'entrée	3,1	2,6	2,6	3,4	3,0	4,1	7,4	3,2	3,0	3,1	2,4	2,9
Taux de sortie	2,8	2,2	2,2	3,2	2,5	2,6	3,8	5,3	5,5	2,6	2,3	4,1
Taux de rotation	2,9	2,4	2,4	3,3	2,8	3,3	5,6	4,3	4,3	2,9	2,3	3,5

1 000 entrées et sorties selon le secteur d'activité *

Source : Ministère du Travail - Déclarations des mouvements de main d'oeuvre — *Unité : ‰*

1995	Côtes-d'Armor		Finistère		Ille-et-Vilaine		Morbihan		**Bretagne**	
	E	S	E	S	E	S	E	S	E	S
Industrie agricoles et alimentaires	150	140	273	265	121	107	452	455	**244**	**238**
Industries des biens de consommation	34	39	33	31	89	100	11	10	**48**	**51**
Industrie automobile	4	5	3	2	9	19	5	6	**6**	**10**
Industries des biens d'équipement	15	17	44	51	38	40	21	23	**32**	**35**
Industries des biens intermédiaires	61	62	37	27	56	49	68	64	**55**	**50**
Énergie	1	1	3	2	5	5	-	-	**3**	**3**
Construction	17	19	25	25	20	19	16	17	**20**	**20**
Commerce	221	218	152	157	160	154	100	95	**152**	**149**
Transports	34	29	24	23	66	57	53	51	**48**	**43**
Activites financières	40	42	38	38	47	51	33	34	**40**	**42**
Activites immobilières	-	-	12	13	5	5	-	-	**5**	**5**
Services aux entreprises	81	85	125	125	117	114	53	57	**97**	**98**
Services aux particuliers	-	-	6	7	11	13	68	66	**23**	**23**
Éducation, santé, action sociale	284	288	179	187	217	226	88	91	**185**	**191**
Administration	58	55	46	47	39	41	32	31	**42**	**42**
Total des mouvements	1 000	1 000	1 000	1 000	1 000	1 000	1 000	1 000	**1 000**	**1 000**

* Ce tableau ne concerne que les établissements de 50 salariés ou plus ayant fait 12 déclarations au cours de l'année.

1 000 sorties selon l'âge, le motif * - Ensemble Bretagne

Source : Ministère du Travail - Déclarations des mouvements de main d'oeuvre — *Unité : ‰*

	1994				1995			
	Moins de 25 ans	25-55 ans	Plus de 55 ans	Total	Moins de 25 ans	25-55 ans	Plus de 55 ans	Total
Fin de contrat à durée déterminée	415	313	7	735	416	311	6	733
Démission	34	63	1	98	36	66	1	103
Licenciement économique	1	15	6	22	-	10	4	14
Autres licenciements	3	22	3	28	2	19	3	24
Départ en retraite	-	2	17	19	-	1	18	19
Autres motifs : transfert, fin de période d'essai, service national	25	69	4	98	35	69	3	107
Total Sorties	**478**	**484**	**38**	**1 000**	**489**	**476**	**35**	**1 000**

* Ce tableau ne concerne que les établissements de 50 salariés ou plus ayant fait 12 déclarations au cours de l'année.

Entrées, sorties par département

Source : Ministère du Travail - Déclarations des mouvements de main-d'oeuvre

		Côtes-d'Armor	Finistère	Ille-et-Vilaine	Morbihan	**Bretagne**
1995	Entrées	13 111	21 848	30 084	20 651	**85 694**
	Sorties	12 469	20 569	28 373	20 038	**81 449**
Total mouvements		25 580	42 417	58 457	40 689	**167 143**

1 000 mouvements selon le sexe et l'âge - Ensemble Bretagne

Source : Ministère du Travail - Déclarations des mouvements de main-d'oeuvre *Unité : ‰*

		Hommes			Femmes			Ensemble			
		-de 25 ans	25 à 55 ans	+ de 55 ans	-de 25 ans	25 à 55 ans	+ de 55 ans	-de 25 ans	25 à 55 ans	+ de 55 ans	Total
1994	Entrées	129	112	2	137	128	3	266	240	5	511
	Sorties	110	109	12	124	127	7	234	236	19	489
Total des mouvements		**239**	**221**	**14**	**261**	**255**	**10**	**500**	**476**	**24**	**1 000**
1995	Entrées	131	113	2	138	129	2	269	242	4	515
	Sorties	114	103	10	125	126	7	239	229	17	485
Total des mouvements		**245**	**216**	**12**	**263**	**255**	**9**	**508**	**471**	**21**	**1 000**

1 000 sorties selon le sexe et le motif - Ensemble Bretagne

Source : Ministère du Travail - Déclarations des mouvements de main d'oeuvre *Unité : ‰*

	1994			**1995**		
	Hommes	Femmes	Ensemble	Hommes	Femmes	Ensemble
Fin de contrat à durée déterminée	306	429	735	306	426	732
Démission	56	43	99	61	42	103
Licenciement économique	15	7	22	9	5	14
Autres licenciements	20	7	27	18	6	24
Départ en retraite	12	7	19	12	7	19
Autres motifs : transfert, fin de période d'essai, service national	64	34	98	65	43	108
Total Sorties	**473**	**527**	**1 000**	**471**	**529**	**1 000**

Artisanat

Les données relatives à l'exercice 1995, sur l'artisanat publiées dans la page suivante sont tirées d'une exploitation nationale du répertoire SIRENE. Plus précisément, les entreprises prises en compte sont celles inscrites au RIM (Répertoire Informatique des Métiers). Le RIM est avant tout un fichier administratif, géré par l'INSEE depuis 1991 et utilisé à des fins statistiques.

Ne sont prises en compte que les unités économiquement actives. Contrairement à l'an passé et conformément aux textes qui réglementent le répertoire des métiers, les associés des sociétés de fait sont pris en compte dans l'exploitation, en revanche les sociétés de fait sont exclues dans la mesure du possible puisqu'elles ne sont censées être connues que des URSSAF et/ou des centres des impôts en raison de leurs obligations sociales et/ou fiscales .

Autre particularité par rapport à l'an dernier, aucun critère de taille en terme d'effectif salarié n'est privilégié. Les résultats concernent aussi bien les unités de moins de 11 salariés que celles qui dépassent ce seuil (on couvre l'ensemble du champ).

Les données sont présentées indifféremment en NAR 8 ou en NAR 20 (on utilise couramment la nomenclature d'activités du répertoire des métiers en 8, 20 voire en 80 postes). Leurs modalités correspondent ici à des regroupements de l'APRM (Activité Principale au Répertoire des Métiers). Le code APRM est attribué aux entreprises artisanales par l'INSEE en référence à la nomenclature d'activités française de l'artisanat.

Pour en savoir plus :

- "L'artisanat breton s'urbanise" - Octant n° 65 - Juin 1996 - p. 23 -26 ;
- "Importance en 1993 des petites entreprises industrielles" - Octant n° 64 - Janvier 1996 - p. 15 -20 ;
- "La France de l'artisanat - chiffres-clés 1995" - Direction de l'Artisanat - 1996 - 95 p. ;
- "Les nouvelles PMI : beaucoup de créateurs malgré les risques" - le 4 pages - n° 58 - Février 1996 ;
- "Les PMI dans la récession : surendettement ou croisance" - le 4 pages - n° 54 - Octobre 1995.

A paraître : pour la fin de l'année 1996, un dossier d'Octant ayant pour thème "les petites entreprises industrielles".

Répartition des entreprises artisanales suivant le statut juridique et l'activité

Source : exploitation régionale du RIM en 1995

NAR 8	Personne physique par âge					SARL	Autres sociétés	Autres statuts	Ensemble
	< 30	30 à 39	40 à 49	50 et +	Total				
Alimentation	587	1 587	1 921	1 381	5 467	1 687	176	63	7 402
Travail des métaux	48	243	408	291	990	813	140	10	1 953
Textile, habillement, cuir	14	90	160	137	401	136	17	6	560
Bois, ameublement	62	332	443	269	1 106	420	62	10	1 598
Autres fabrications	94	414	521	283	1 312	955	158	19	2 444
Bâtiment	723	3 322	5 563	3 389	12 997	2 586	388	86	16 057
Transport, réparation, autres services	980	2 467	3 417	1 997	8 861	2 788	318	70	12 037
Autres activités inscrites au RIM	1	-	6	1	8	25	-	-	33
Ensemble	**2 509**	**8 455**	**12 439**	**7 748**	**31 151**	**9 410**	**1 259**	**264**	**42 084**

Répartition des entreprises artisanales suivant le département et l'activité

Source : exploitation nationale du RIM en 1995

NAR 20	Côtes d'Armor	Finistère	Ille-et-Vilaine	Morbihan	**Bretagne**	Bretagne/ France %
Alimentation	615	1 021	799	879	**3 314**	6,3
dont boulangerie, pâtisserie	*374*	*539*	*524*	*482*	***1 919***	*5,7*
Viandes et poissons	780	1427	670	1 211	**4 088**	7,3
Alimentation	**1 395**	**2 448**	**1 469**	**2 090**	**7 402**	**6,8**
dont fab. et rép. de matériel agricole	*126*	*149*	*122*	*108*	***505***	*8,2*
Travail des métaux	**375**	**601**	**469**	**508**	**1 953**	**4,4**
Textile et habillement	63	157	132	127	**479**	2,8
Cuir et chaussures	16	21	21	23	**81**	3,4
Textile, habillement et cuir	**79**	**178**	**153**	**150**	**560**	**2,8**
Bois et ameublement	**304**	**443**	**477**	**374**	**1 598**	**5,1**
Matériaux de construction, céramique, verre, chimie	100	163	172	140	**575**	4,9
Papier, imprimerie, reproductionet arts graphiques	99	172	212	146	**629**	4,1
Fabrication d'articles divers	184	387	312	357	**1 240**	3,8
Autres fabrications	**383**	**722**	**696**	**643**	**2 444**	**4,1**
Maçonnerie	605	820	664	736	**2 825**	3,6
Couverture, plomberie, chauffage	694	949	698	729	**3 070**	6,2
Menuiserie, serrurerie	600	809	698	724	**2 831**	6,1
Installation d'électricité	260	448	359	392	**1 459**	4,4
Aménagements, finitions	932	1 250	1 116	1 114	**4 412**	6,3
dont peinture extérieure et intérieure	*406*	*607*	*529*	*487*	***2 029***	*7,5*
Terrassements et travaux divers	253	523	286	398	**1 460**	5,1
Bâtiment	**3 344**	**4 799**	**3 821**	**4 093**	**16 057**	**5,2**
Transports	248	474	305	308	**1 335**	3,8
dont taxis	*161*	*349*	*222*	*212*	***944***	*3,4*
Réparation	964	1 570	1 239	1 133	**4 906**	5,1
Teinturerie, blanchisserie, soins de la personne	718	1 162	1 070	824	**3 774**	4,9
Autres services	382	669	506	465	**2022**	4,2
dont fleuristes	*120*	*211*	*124*	*142*	***597***	*5,0*
Transports, réparations et autres services	**2 312**	**3 875**	**3 120**	**2 730**	**12 037**	**4,7**
Autres activités inscrites au RM	**2**	**15**	**9**	**7**	**33**	**2,5**
Ensemble	**8 194**	**13 081**	**10 214**	**10 595**	**42 084**	**5,1**

Tonne Équivalent Pétrole (T.E.P.)

Pour permettre la totalisation ou la comparaison entre elles des diverses énergies produites ou consommées, on les convertit en une unité commune, la "tonne équivalent pétrole". Les coefficients d'équivalence sont les suivants :

Équivalences	Unité physique	TEP (PCI)
Produits pétroliers		
Gazole, FOD	1 tonne	1
GPL	1 tonne	1,095
Carburants	1 tonne	1,048
Fioul lourd	1 tonne	0,952
Électricité	1 MWh	0,222
Gaz naturel	1 MWh (PCS)	0,077
Charbon, houille	1 tonne	0,619

PCS : Pouvoir calorique supérieur.
PCI : Pouvoir calorique Inférieur.
FOD : Fuel-Oil Domestique. ⟶ Fioul
GPL : Gaz de Pétrole liquéfié.
MWh : Méga Watt heure : 1 000 000 watts par heure.
GWh : Giga Watt heure : 1 000 000 000 watts par heure.
Ktep : 1 000 tonnes équivalent pétrole.

Énergie primaire

Certaines sources d'énergie sont utilisées pour la production d'autres énergies : c'est le cas notamment des produits pétroliers et du charbon qui peuvent être transformés en énergie électrique ou en gaz. Il convient donc de distinguer l'énergie "primaire" (charbon, produits pétroliers, gaz naturel, électricité hydraulique ou nucléaire) de l'énergie disponible.

La Bretagne, depuis 1986, produit de l'électricité essentiellement à partir de l'usine marémotrice de la Rance.

Marché pétrolier

Il concerne seulement l'économie civile, et ne tient donc pas compte des besoins militaires. La consommation dans un département correspond, en fait, aux ventes des sociétés de pétrole à leur clientèle : consommateurs directs ou revendeurs. En conséquence, il n'est tenu compte ni des variations de stocks, ni des circuits de distribution qui chevauchent plusieurs départements.

Pour en savoir plus :

- "L'énergie en Bretagne en 1995" - Direction Régionale de l'Industrie et de la Recherche et de l'Environnement de Bretagne - 1996 - 6p. ;
- "Production-distribution de l'énergie électrique en France" - Statistiques 1994 - Ministère de l'Industrie, des Postes et Télécommunications - 1996 - 93p. ;
- "Consommation finale énergétique par région" -1994 - Centre d'Études et de Recherches Économiques sur l'Énergie - 1996 - 66p.

Consommation finale énergétique *

Source : DRIRE Bretagne — *1 000 tonnes d'équivalent pétrole (Ktep)*

	Produits pétroliers	Électricité	Gaz naturel	**Total**
1990	3 413	2 629	549	**6 629**
1991	3 676	2 888	693	**7 295**
1992	3 721	2 940	720	**7 417**
1993	3 624	2 988	755	**7 367**
1994	3 486	3 040	721	**7 247**
1995	3 676	2 888	693	**7 257**

* Sous une forme utilisable pour sa consommation finale (ex : essence à la pompe,électricité au foyer...). Elle ne comprend ni les pertes de distribution (ex : pertes en lignes électriques), ni les quantités consommées par les producteurs et transformateurs d'énergie (ex : consommation de fuel d'une centrale thermique).
Hors énergies renouvelables, non corrigée du climat et hors charbon depuis1993.

Structure de la consommation énergétique

Source : DRIRE Bretagne — *Unité : %*

		Produits pétroliers	Électricité	Gaz naturel	Charbon	Ensemble
	1990	51,5	39,6	8,3	0,6	100
	1991	49,2	40,5	9,7	0,6	100
Bretagne	1992	50,2	39,6	9,7	0,5	100
	1993	49,2	40,5	10,3	...	100
	1994	48,1	41,9	10,0	...	100
	1995	47,7	42,0	10,3	...	100
	1990	42,0	38,8	13,3	...	100
	1991	41,1	39,7	13,8	...	100
France	1992	41,0	40,0	13,9	...	100
	1993 *	42,7	42,4	14,9	...	100
	1994 *	42,3	43,6	14,1	...	100
	1995	...	...	...	...	...

* Hors charbon et énergies renouvables.
... non disponible

Consommation d'électricité, de produits pétroliers et de gaz naturel

Source : DRIRE Bretagne

Unité : Ktep, Ktep, GWh

		Côtes-d'Armor	Finistère	Ille-et-Vilaine	Morbihan	**Bretagne**
Électricité	1993	2 602	3 907	3 939	3 012	**13 460**
	1994	2 627	3 972	3 964	3 131	**13 694**
	1995	2 721	4 063	4 077	3 230	**14 091**
	1995/1994 en %	+ 3,5	+ 2,3	+ 2,8	+ 3,2	**+ 2,9**
Produits pétroliers	1993	558	1 151	1 081	833	**3 623**
	1994	526	966	1 176	818	**3 486**
	1995	543	1 074	1 088	843	**3 549**
	1995/1994 en %	+ 3,2	+ 11,2	- 7,5	+ 3	**+ 1,8**
Gaz naturel	1993	1 400	2 817	3 698	1 902	**9 817**
	1994	1 346	2 790	3 407	1 829	**9 372**
	1995	1 439	2 926	3 664	1 962	**9 991**
	1995/1994 en %	+ 6,9	+ 4,9	+ 7,5	+ 7,3	**+ 6,6**

Production d'électricité par département

Source : DRIRE Bretagne

Unité : GWh

		Côtes-d'Armor	Finistère	Ille-et-Vilaine	Morbihan	**Bretagne**
Production EDF * (11 usines hydrauliques et 5 installations thermiques)	1993	36	2	488 **	4	**530**
	1994	49	2	495 **	6	**552**
	1995	46	27	501 **	3	**577**
Production hors EDF (14 usines et 25 installations thermiques)	1993	15	12	2	18	**47**
	1994	17	25	4	22	**68**
	1995	23	31	8	29	**91**
Total (55 usines ou installations)	1993	51	12	490	22	**575**
	1994	66	27	499	28	**620**
	1995	69	58	509	32	**668**

* Toutes les installations thermiques se situent dans le Finistère.
** Usine marémotrice de la Rance (production nette, pompage déduit).

Vente de produits pétroliers en 1993, 1994 et 1995

Source : Comité professionnel du Pétrole

		Côtes-d'Armor	Finistère	Ille-et-Vilaine	Morbihan	**Bretagne**	% Bretagne / France
Marché acquitté et sous douane							
• Essence *	1993	0,9	2,7	0,7	0,7	**5,0**	13,0
	1994	ε	ε	0,1	0,1	**0,2**	4,9
	1995	0	0	0	0	**0**	
• Super-carburant *	1993	176,8	289,0	339,7	255,7	**1 061,2**	4,7
	1994	176,4	280,0	333,5	251,5	**1 041,4**	4,8
	1995	167,0	283,8	283,3	243,2	**973,3**	4,7
dont : plombé	*1993*	*111,4*	*183,0*	*206,4*	*159,8*	***660,6***	*5,0*
	1994	*103,3*	*167,0*	*185,8*	*144,9*	***601,0***	*5,1*
	1995	*90,2*	*152,7*	*139,9*	*129,4*	***512,2***	*5,0*
sans plomb	*1993*	*65,4*	*106,1*	*133,2*	*95,8*	***400,5***	*4,4*
	1994	*73,1*	*112,9*	*147,8*	*106,6*	***440,4***	*4,4*
	1995	*76,8*	*131,1*	*143,4*	*113,8*	***465,1***	*4,8*
Marché acquitté							
• Gazole *	1993	193,5	314,7	483,7	321,6	**1 313,5**	5,5
	1994	208,5	305,3	534,8	341,5	**1 390,1**	5,5
	1995	221,0	349,6	522,5	365,0	**1 458,1**	5,5
• Fuel lourd (tonne) **							
Secteur domestique et tertiaire	1993	8 130	8 724	8 585	3 722	**29 161**	3,1
	1994	7 806	7 501	10 711	3 140	**29 158**	4,0
	1995	3 628	1 452	8 946	2 872	**16 898**	2,8
Industrie (y compris agriculture)	1993	13 995	39 702	45 646	36 002	**135 345**	3,5
	1994	13 104	42 540	38 676	36 226	**130 546**	3,7
	1995	20 745	66 125	47 108	40 320	**174 298**	4,7
• Fuel domestique (tonne)	1993	171 051	384 431	290 384	215 634	**1 061 500**	6,2
	1994	129 332	225 978	359 806	188 565	**903 681**	5,6
	1995	137 626	291197	310 762	194 792	**934 377**	5,7
Marché sous-douane pêche et port + chauffage							
• Gazole (m3)	1993	6 116	177 072	14 001	39 231	**236 420**	43,2
	1994	8 602	161 789	6 933	41 211	**218 535**	42,8
	1995	9 322	156 786	11 603	42 608	**220 319**	43,8
• Fuel lourd (tonne)	1993	-	14 091	309	-	**14 400**	39,3
	1994	-	15 760	283	-	**16 043**	48,7
	1995	-	3 698	52	-	**3 750**	22,5

* Unité : 1 000 m^3
** Non compris EDF - GDF.

Comptes départementaux de l'agriculture

Établis selon une méthodologie commune par les Services Départementaux et Régionaux de Statistique Agricole, les comptes départementaux évaluent les résultats annuels de l'agriculture dans chaque département. Les chiffres présentés ont un caractère provisoire et peuvent être rectifiés ultérieurement.

Le Revenu Brut d'Exploitation (RBE) est le solde du compte d'exploitation des entreprises agricoles. Il est égal à la différence entre les ressources de ce compte (essentiellement la valeur ajoutée et les subventions d'exploitation) et le total des emplois correspondants (salaires et cotisations sociales des salariés, intérêts et impôts indirects, primes d'assurances, fermage et métayage, etc...).

Production végétale et animale

Superficie Agricole Utilisée (SAU), notion normalisée dans la statistique agricole européenne qui comprend non seulement les terres arables et les cultures permanentes, mais aussi les prairies, les pâturages permanents et les jachères.
La production de viande nette de chaque département provient d'animaux abattus à la ferme pour la consommation familiale, dans des abattoirs publics et industriels, ainsi que des animaux expédiés vivants hors du département et destinés à la boucherie. Ces données diffèrent donc de celles publiées dans OCTANT qui concernent uniquement les animaux abattus dans les départements, quelle que soit leur provenance géographique.

Recensement Général de l'Agriculture

Le Recensement Général de l'Agriculture de 1988 a porté sur la campagne 1987-1988. Il a été réalisé par le Service Central des Enquêtes et Études Statistiques du Ministère de l'Agriculture et de la Pêche. Les résultats sont disponibles dans les Directions Départementales de l'Agriculture et au Service Régional de Statistique Agricole. Les principales publications du RGA sont également consultables au Service des Études et de la Diffusion de l'Insee Bretagne.

Structure des exploitations agricoles

La structure des exploitations agricoles est connue essentiellement par les Recensements Généraux de l'Agriculture. Des enquêtes ultérieures permettent une actualisation périodique des données de structure. Elles ont lieu tous les deux ans. La dernière a eu lieu en 1995.

Pour en savoir plus :

- "Statistique agricole annuelle 1995" - Agreste - La statistique agricole Bretagne - n° 11 - Juin - 32 p. ;
- "Les tableaux de trajectoires - Annuaire 1995 Bretagne" - Service Régional de Statistique Agricole - Novembre 1995 - 167 p. ;
- "Agreste - Trajectoire Bretagne" - Service Régional de Statistique Agricole - revue trimestrielle ;
- "Statistique agricole annuelle - Résultats 1995" - Agreste - Données chiffrées n° 81 - Juillet 1996 - 171 p. ;
- "L'agriculture en 1995" - INSEE Première n° 457 - Juin 1996 - 4 p. ;
- "Les comptes de l'agriculture française de 1995" - Agreste - Les cahiers n°5-6 - Juin 1996 - 190 p. ;
- "L'agriculture, la forêt et les industries agro-alimentaires" - Agreste - Collection Graph Agri - Édition 1996 - 143 p.

Principaux éléments du compte des exploitations agricoles - optique livraisons

Source : S.R.S.A. - Comptes 1995 provisoires - 1994 semi-définitifs *Unité : %, francs*

1995/1994 en %	Côtes-d'Armor	Finistère	Ille-et-Vilaine	Morbihan	**Bretagne**	*France*
Livraisons végétales	+ 8,6	- 5,3	+ 8,5	- 0,6	**+ 2,4**	*+ 5,5*
Livraisons animales	+ 2,9	+ 3,0	+ 2,5	+ 1,6	**+ 2,5**	*+ 0,0*
Livraisons totales	+ 3,5	+ 1,7	+ 3,3	+ 1,4	**+ 2,5**	*+ 2,7*
Consommations intermédiaires	+ 1,0	+ 0,8	+ 2,1	- 0,1	**+ 0,9**	*+ 2,7*
Charges des exploitations	- 2,1	- 1,7	+ 2,2	- 0,5	**- 0,5**	*- 2,1*
RBE par exploitation (francs courants)	+ 23,2	+ 13,9	+ 14,0	+ 14,8	**+ 16,6**	*+ 12,1*
RBE par exploitation (francs constants)	+ 21,1	+ 12,0	+ 12,1	+ 12,9	**+ 14,6**	*+ 10,3*

De la production au revenu agricole

Source : S.R.S.A. - Comptes 1995 provisoires - 1994 semi-définitifs *Unité : million de F.*

	1994	1995	1995/1994 en %
Principales ressources			
Livraisons totales hors TVA	38 093	39 043	+ 2,5
Livraisons végétales	5 048	5 165	+ 2,3
dont : Céréales	1 383	1 687	*+ 22,0*
Légumes frais et fruits	*2 561*	2 370	*- 7,5*
Pommes de terre	*378*	*395*	*+ 4,6*
Oléagineux, légumes secs	*153*	*144*	*- 5,6*
Livraisons animales	33 044	33 878	+ 2,5
dont : Gros bovins, veaux	5 722	*5 625*	*- 1,7*
Volailles, oeufs, lapins	7 917	*7 750*	*- 2,1*
Porcs	*9 718*	*10 672*	*+ 9,8*
Lait de vache	*9 506*	*9 652*	*+ 1,5*
Subventions d'exploitation	2 182	2 567	+ 17,6
Principales dépenses			
Consommations intermédiaires hors TVA	25 697	25 920	+ 0,9
dont : Engrais	*840*	*914*	*+ 8,9*
Aliments des animaux	*16 688*	*16 570*	*- 0,7*
Charges d'exploitation	4 221	4 201	- 0,5
dont : Salaires et cotisations sociales des salariés	*1 113*	1 131	*+ 1,6*
Taxes sur la production et impôts fonciers	*251*	*232*	*- 7,5*
Charges locatives	*592*	*595*	*+ 0,6*
Primes d'assurances	*885*	*915*	*+ 3,4*
Évolution du Revenu Brut d'Exploitation en francs constants :			
Ensemble des exploitants			+ 11,2
RBE par exploitation			+ 14,6

Répartition du territoire

Source : Directions Départementales de l'Agriculture

Unité : ha

1995	Côtes-d'Armor	Finistère	Ille-et-Vilaine	Morbihan	**Bretagne**
Céréales	140 850	108 800	141 310	116 000	**506 960**
dont : blé tendre	*80 000*	*51 000*	*78 280*	*48 000*	***257 280***
maïs	*23 600*	*27 000*	*33 000*	*28 500*	***112 100***
seigle	*600*	*500*	*500*	*2 000*	***3 600***
orge et escourgeon	*25 500*	*20 000*	*12 330*	*18 000*	***75 830***
avoine	*5 500*	*4 000*	*4 130*	*2 500*	***16 130***
Oléagineux	5 500	1 950	4 900	4 700	**17 050**
Pommes de terre et légumes frais	20 500	36 250	7 280	17 080	**81 110**
Légumes secs et protéagineux	6 620	500	5 150	4 615	**16 885**
Choux racines et tubercules fourragers		4 000	4 000	6 200	**4 500**
Fourrages annuels	102 900	81 000	102 000	79 000	**364 900**
Prairies artificielles et temporaires	131 000	116 000	119 000	91 000	**457 000**
Autres cultures	124	560	404	200	**1 288**
Jardins et vergers familiaux des exploitants	1 000	340	930	545	**2 815**
Jardins et vergers familiaux des non exploitants	3 000	3 600	1 750	4 750	**13 100**
Jachères	21 000	17 500	19 100	21 610	**79 210**
Terres arables	436 494	370 500	408 024	344 000	**1 559 018**
Cultures fruitières	457	600	2156	570	**3783**
Pépinières ligneuses	90	260	170	90	**610**
Surfaces toujours en herbe	51 500	59 140	109 000	50 000	**269 640**
Superficie agricole utilisée (SAU)	488 546	430 500	519 350	394 660	**1 833 056**
Territoire agricole non cultivé	36 962	98 000	8 900	99 000	**242 862**
Peupleraies en plein	2 000	450	1 500	1 000	**4 950**
Surfaces boisées	81 500	67 500	61 700	111 500	**322 200**
Étangs en rapport	520	-	1 200	500	**2 220**
Autre territoire non agricole	90 094	82 240	92 568	80 475	**345 377**
SURFACE TOTALE (I.G.N.)	699 622	678 690	685 218	687 135	**2 750 665**

Surface des exploitations agricoles

Source : SRSA

Unité : ha

1995	Côtes-d'Armor	Finistère	Ille-et-Vilaine	Morbihan	**Bretagne**
Superficie agricole utilisée des exploitations	459 074	431 086	483 328	417 347	**1 790 835**

Principales cultures

Source : Directions Départementales de l'Agriculture

Unité : millier de quintaux

1994	Côtes-d'Armor	Finistère	Ille-et-Vilaine	Morbihan	**Bretagne**
Blé tendre	5330	3294	4901	3055	**16580**
Maïs grain	1460	1782	2442	2275	**7959**
Seigle	33	20	21	50	**124**
Orge et escourgeon	1352	113	740	1084	**4310**
Avoine	248	184	163	115	**710**
Betteraves fourragères	1500	1200	1923	1440	**6063**
Choux fourragers	750	4000	7582	4640	**16972**
Maïs fourrage et ensilage *	7917	8466	11253	6500	**34136**
Pommes de terre	1149	1661	606	886	**4302**
Artichauts	70	411	1	ε	**483**
Carottes	53	281	162	115	**611**
Choux- fleurs	1144	1607	882	14	**3647**
Haricots verts	88	401	31	470	**990**
Oignons	11	30	13	10	**64**
Petits pois (en grains)	32	205	9	314	**560**
Tomates	107	500	189	19	**815**
1995					
Blé tendre	5525	3635	5094	3216	**17470**
Maïs grain	1888	2025	2442	1767	**8122**
Seigle	35	28	28	110	**200**
Orge et escourgeon	1576	1226	702	1079	**4583**
Avoine	242	200	161	104	**707**
Betteraves fourragères	1620	1200	1851	975	**5646**
Choux fourragers	650	4000	6828	3950	**15428**
Maïs fourrage et ensilage *	10668	8690	10807	7421	**37586**
Pommes de terre	1338	2064	815	864	**5081**
Artichauts	90	333	-	-	**423**
Carottes	45	289	221	126	**681**
Choux- fleurs	1083	1830	623	12	**3549**
Haricots verts	122	435	34	500	**1090**
Oignons	11	21	16	10	**57**
Petits pois (en grains)	48	238	11	313	**610**
Tomates	130	567	187	23	**907**

* La production est exprimée en matière sèche

Note - Y compris semences pour les céréales.

Effectifs des animaux dans les exploitations

Source : Agreste Bretagne - Statistique Agricole Annuelle — *Unité : millier de têtes*

au 1er décembre 1995	Côtes-d'Armor	Finistère	Ille-et-Vilaine	Morbihan	**Bretagne**
Espèce chevaline	5,3	4,2	5,4	2,3	**17,2**
Chevaux de selle	2,9	1,3	4,5	1,2	**9,9**
Chevaux lourds	2,4	2,9	0,9	1,1	**7,3**
Espèce bovine	630,0	560,5	783,7	461,0	**2 435,2**
Mâles reproducteurs	3,2	4,2	4,7	2,4	**14,5**
Vaches laitières	217,0	190,0	273,0	179,0	**859,0**
Vaches nourrices	34,0	40,0	29,0	26,4	**129,4**
Génisses laitires	116,0	92,0	129,0	74,0	**411,0**
Génisses nourrices	21,0	23,0	17,0	12,2	**73,2**
Veaux de moins d'un an	180,0	146,0	266,0	125,0	**717,0**
Autres animaux	58,8	65,3	65,0	42,0	**231,1**
Espèce porcine	2 611,1	2 452,5	1 185,2	1 256,0	**7 504,8**
Verrats de 50 kg et +	9,1	5,0	4,2	6,0	**24,3**
Truies reproductrices de 50 kg et plus	235,0	200,0	83,7	88,0	**606,7**
Autres porcs	2 367,0	2 247,5	1 097,3	1 162,0	**6 873,8**
Espèce caprine	4,0	1,9	12,5	3,3	**21,7**
Espèce ovine	40,6	22,5	57,3	34,5	**154,9**

Production de viande

Source : Agreste Bretagne - Statistique Agricole Annuelle — *Unité : tonne de viande nette*

1995	Côtes-d'Armor	Finistère	Ille-et-Vilaine	Morbihan	**Bretagne**
Équidés	302	134	212	85	**734**
Gros bovins	47 355	61 763	59 791	28 177	**197 085**
Veaux	22 161	18 780	30 719	11 108	**82 768**
Ovins	958	379	959	581	**2 877**
Porcins	381 850	361 776	174 432	191 597	**1 109 655**
Production totale	452 626	442 832	266 112	231 548	**1 393 118**

Production de viande de basse-cour

Source : Agreste Bretagne - Statistique Agricole Annuelle — *Unité : tonne de viande nette*

1995	Côtes-d'Armor	Finistère	Ille-et-Vilaine	Morbihan	**Bretagne**
Gallinacées : coqs et poules de réforme, poulets de chair, coquelets	144 713	161 284	44 872	168 001	**518 870**
Dindes et dindons industriels et fermiers	67 718	63 800	26 549	132 477	**290 544**
Autres volailles : canards, pintades, oies cailles, pigeons	7 669	7 534	7 350	13 240	**35 792**
Total volailles	220 099	232 618	78 771	313 717	**845 205**
Lapins	3 900	2 085	3 305	4 659	**13 949**

Évolution du nombre d'exploitations agricoles

Source : Agreste Bretagne - Recensements agricoles et enquête Structure 1994

	Côtes-d'Armor	Finistère	Ille-et-Vilaine	Morbihan	**Bretagne**
1979	30 677	28 666	33 155	26 063	**118 561**
1988	23 603	21 027	27 022	20 891	**92 545**
1990	20 745	19 075	23 971	18 846	**82 637**
1993	16 967	15 193	20 146	16 003	**68 308**
1995	15 113	13 848	18 484	14 560	**62 005**
Évolution 95/93 (%)	- 10,9	- 8,9	- 8,2	- 9,0	**- 9,2**

Exploitations agricoles selon leur taille

Source : Agreste Bretagne - Enquête Structure 1994

1994	Exploitations	Surface Agricole Utilisée * (ha)
Moins de 5 ha	14 250	26 402
5 à moins de 10 ha	5 407	36 993
10 à moins de 30 ha	16 094	320 064
30 à moins de 50 ha	14 754	571 604
50 à moins de 100 ha	10 231	671 166
100 ha et plus	1 270	164 606
Ensemble	**62 005**	**1 790 835***

* Surface agricole utilisée des exploitations agricoles

Production et utilisation du lait de vache *

Source : Agreste Bretagne - Statistique Agricole Annuelle

Unité : millier d'hl

1995	Côtes-d'Armor	Finistère	Ille-et-Vilaine	Morbihan	**Bretagne**
Livraisons de lait entier l'industrie	11 982	10 806	14 426	10 223	**47 437**
Ventes directes (hors collecteurs)	40	120	62	85	**307**
Autoconsommation finale	40	39	65	48	**192**
Fabrication de produits fermiers	30	30	5	49	**114**
Alimentation des animaux	416	485	617	404	**1 922**
Divers, pertes	23	15	32	10	**80**
Production totale	12 531	11 495	15 207	10 819	**50 052**

* Y compris la production des vaches nourrices.

Répartition des exploitations agricoles selon l'âge des chefs d'exploitation

Source : Agreste Bretagne - Enquête Structure 1994

1994	Côtes-d'Armor	Finistère	Ille-et-Vilaine	Morbihan	**Bretagne**
Classe d'âge					
Moins de 35 ans	2 486	2 398	3 064	2 415	**10 363**
35 à 45 ans	4 121	3 726	4 383	3 590	**15 819**
45 à 50 ans	2 275	1 694	2 794	2 680	**9 443**
50 à 55 ans	1 595	1 351	1 995	1 373	**6 314**
55 à 60 ans	2 614	2 184	2 619	2 305	**9 723**
60 à 65 ans	966	1 317	1 897	893	**5 072**
65 ans et plus	1 055	1 179	1 733	1 305	**5 271**
Ensemble	15 113	13 848	18 484	14 560	**62 005**

Main-d'oeuvre des exploitations agricoles

Source : Agreste Bretagne - Enquête Structure 1994

1994	Côtes-d'Armor	Finistère	Ille-et-Vilaine	Morbihan	**Bretagne**
Catégorie de main-d'oeuvre					
Chefs d'exploitation	11 564	11 067	12 219	10 557	**45 407**
Conjoints	5 724	4 480	6 288	4 708	**21 199**
Autres membres de la famille	2 827	4 603	2 454	2 716	**12 601**
Salariés permanents	2 403	1 544	1 489	754	**6 189**
Salariés occasionnels	646	1 054	561	591	**2 852**
CUMA	65	19	57	62	**202**
ETA	200	186	153	184	**723**
Ensemble	23 429	22 953	23 221	19 572	**89 173**

Répartition des exploitations agricoles selon leur dimension économique

Source : Agreste Bretagne - Enquête Structure 1994 - Chiffres provisoires

1994	Côtes-d'Armor	Finistère	Ille-et-Vilaine	Morbihan	**Bretagne**
Classe de dimension économique en Unité de Dimension Européenne (UDE) *					
Moins de 2 UDE	2 314	1 906	5 157	2 836	**12 213**
2 à 4 UDE	1 040	571	979	1 151	**3 741**
4 à 8 UDE	798	960	1 117	1 317	**4 193**
8 à 16 UDE	1 514	1 640	2 211	1 639	**7 004**
16 à 40 UDE	4 532	4 446	5 507	4 308	**18 793**
40 à 60 UDE	2 006	1 827	2 029	1 661	**7 523**
60 à 80 UDE	1 245	987	845	655	**3 732**
80 UDE et plus	1 664	1 511	639	993	**4 806**
Ensemble	15 113	13 848	18 484	14 560	**62 005**

* L'Unité de Dimension Européenne (UDE) est égale à 1 200 écus de Marge Brute Standard de l'exploitation (Origine : décision 85-377 CEE portant définition d'une typologie communautaire des exploitations agricoles).

Activité des chefs d'exploitation agricole

Source : Agreste Bretagne - Enquête Structure 1994

1994	Côtes-d'Armor	Finistère	Ille-et-Vilaine	Morbihan	**Bretagne**
Activité sur l'exploitation					
Moins de 1/4 temps	2 688	1 843	5 347	2 721	**12 599**
1/4 à moins de 1/2 temps	1 513	1 031	1 659	1 801	**6 005**
1/2 à moins de 3/4 temps	447	808	1 117	1 035	**3 406**
3/4 à moins de 1 temps complet	666	1 770	1 049	866	**4 351**
Temps complet	9 799	8 396	9 313	8 137	**35 644**
Ensemble	15 113	13 848	18 484	14 560	**62 005**

Quartiers des Affaires maritimes

C'est le découpage officiel de la façade maritime utilisé par l'administration des Affaires Maritimes (voir leurs définitions sur la carte ci-jointe).

Type de pêche

- petite pêche : navires s'absentant du port pour 24 heures ou moins.
- pêche côtière : navires s'absentant du port plus de 24 heures et 96 heures au maximum.
- pêche au large : navires s'absentant plus de 96 heures et n'appartenant pas à la grande pêche.
- grande pêche :
  - navire de jauge brute 1 000 tonneaux(*)
  - navire de jauge brute 150 tonneaux et s'absentant plus de 20 jours de son port.

Résultat de la pêche

Le poste "poissons" ne comptabilise que les poissons débarqués dans les ports. Les quantités débarquées désignent le poids des prises mis à terre. Certaines captures sont vidées, éviscérées, filetées, salées à bord des bateaux de pêche ou de navires-usines.

Effectifs des pêcheurs

Il s'agit des marins selon leur quartier d'inscription embarqués au 31 décembre de l'année N, toutes catégories de statut confondues. C'est-à-dire quel que soit le mode de rémunération : salaire mensuel, au voyage, minimum garanti, à la part.

Source : toutes les statistiques concernant la pêche proviennent de l'Administration des Affaires Maritimes.

(*) Jauge brute : capacité intérieure totale exprimée en tonneau de jauge international (tjb) valant 2,83 m^3.

Pour en savoir plus :

- "De crise en crise , les pêches de Bretagne méridionale ne sont elles pas sur la voie de la restructuration ?" - Norois n°165 - Mars 1995 - p. 185-204 - Université de Bretagne occidentale - Universités de l'Ouest;
- **A paraître :** "Monographie des pêches maritimes" - 1995 - Direction Régionale des Affaires Maritimes.
- "Pêche - Statistiques annuelles 1995" - Annuaire statistique de la pêche - OSCE - Eurostat - 1995 - 157 p. ;
- "La pêche en mutation" - Le Monde - Dossiers et documents n°238 - Décembre 1995 - 4 p.

Les quartiers des affaires maritimes

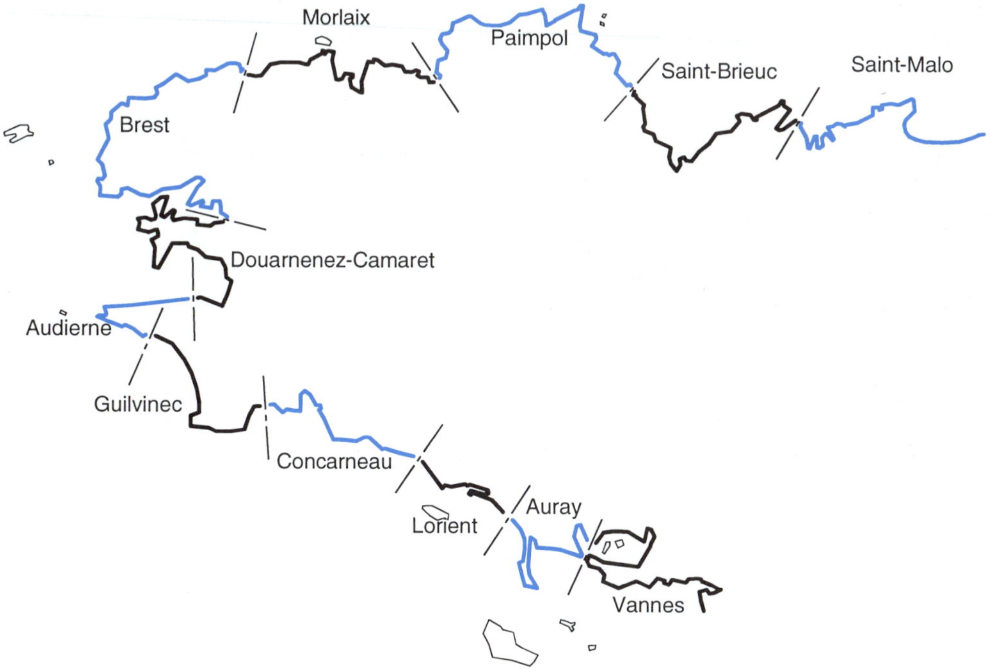

Pêche débarquée (criée + hors criée)

Source : Centre Administratif des Affaires Maritimes

Unités : tonne et millier de francs

1995		Bretagne *	France **	% Bretagne / France
Pêche débarquée	Quantité	**198 256**	372 486	53,2
	Valeur	**1 901 599**	4 049 874	47,1
dont : Poissons marins	*Quantité*	***103 800***	*242 068*	*42,9*
	Valeur	***1 287 422***	*2 882 069*	*44,7*
Crustacés	*Quantité*	***16 458***	*20 409*	*80,7*
	Valeur	***424 840***	*558 081*	*76,2*
Mollusques	*Quantité*	***14 307***	*45 030*	*31,9*
	Valeur	***170 999***	*526 509*	*32,5*

* non compris les données concernant le quartier de Vannes et le mois de décembre pour Morlaix et Paimpol ;
** L'ensemble national ne comprend pas les données des quartiers de Marseille et Toulon.

Résultats de la pêche débarquée par quartier - criée et hors criée

Source : Centre Administratif des Affaires Maritimes

1995	TOTAL	dont		
		Poissons marins	*Crustacés*	*Mollusques*
Quantités *(tonne)*				
Saint-Malo	7 209	*4 217*	*766*	*2 226*
Saint-Brieuc	10 020	*3 576*	*734*	*5 708*
Paimpol *	9 164	*327*	*870*	*1 172*
Morlaix *	8 449	*2 820*	*2 409*	*628*
Brest	59 285	*2 534*	*2 001*	*535*
Douarnenez-Camaret	10 879	*9 024*	*1 012*	*844*
Audierne	1 093	*922*	*149*	*21*
Guilvinec	38 081	*30 452*	*6 200*	*1 415*
Concarneau	29 432	*28 046*	*1 066*	*319*
Lorient	23 672	*21 195*	*1 152*	*1 254*
Auray	972	*687*	*99*	*185*
Vannes	...	...	...	...
Tonnage total	**198 256**	***103 800***	***16 458***	***14 307***
Valeurs *(millier de francs)*				
Saint-Malo	86 126	*45 772*	*11 742*	*28 634*
Saint-Brieuc	129 078	*50 348*	*13 498*	*64 779*
Paimpol *	44 307	*9 921*	*17 065*	*15 601*
Morlaix *	86 242	*43 917*	*32 093*	*9 063*
Brest	111 253	*54 025*	*31 793*	*11 059*
Douarnenez-Camaret	119 917	*88 886*	*25 586*	*5 446*
Audierne	34 171	*24 411*	*9 482*	*276*
Guilvinec	639 416	*421 692*	*199 172*	*18 495*
Concarneau	355 371	*312 735*	*37 723*	*4 911*
Lorient	273 274	*219 964*	*43 673*	*9 060*
Auray	22 444	*15 751*	*3 013*	*3 675*
Vannes	...	...	...	...
Valeur totale	**1 901 599**	***1 287 422***	***424 840***	***170 999***

* quantités et valeurs comptablisées sur 11 mois seulement

Composition de la flotte de pêche

Source : Centre Administratif des Affaires Maritimes

Quartier des affaires maritimes	Type de pêche					
	Grande pêche	Pêche au large	Pêche côtière	Petite pêche	Conchyliculture Petite pêche	Total
Effectifs des pêcheurs (décembre 1995)						
St-Malo	84	19	14	141	221	479
St-Brieuc	5	1	9	169	41	225
Paimpol	8	15	14	114	20	171
Morlaix	-	34	15	104	32	185
Brest	12	16	52	192	20	292
Camaret	8	31	4	15	-	58
Douarnenez	12	71	6	31	-	120
Audierne	12	86	11	49	-	158
Le Guilvinec	7	355	102	443	4	911
Concarneau	212	272	40	178	19	721
Lorient	17	249	188	99	37	590
Auray	5	34	44	193	154	430
Vannes	1	10	6	164	206	387
Bretagne	**383**	**1 193**	**505**	**1 892**	**754**	**4 727**
Nombre de navires (juillet 1995)						
St-Malo	2	15	2	56	75	150
St-Brieuc	-	-	16	157	33	206
Paimpol	-	3	2	133	17	155
Morlaix	-	26	10	86	17	139
Brest	5	2	14	169	8	198
Camaret	-	6	1	19	-	26
Douarnenez	-	23	7	28	-	58
Audierne	3	8	2	38	-	51
Le Guilvinec	-	108	35	265	2	410
Concarneau	31	49	11	124	6	221
Lorient	2	49	69	70	27	217
Auray	-	-	11	198	100	309
Vannes	-	-	-	162	123	285
Bretagne	**43**	**289**	**180**	**1 505**	**408**	**2 425**

INDUSTRIE

Les données comptables des entreprises industrielles proviennent de l'Enquête Annuelle d'Entreprise réalisée par les services statistiques des ministères de l'Industrie et de l'Agriculture, et exploitée par l'Insee. Cette enquête est effectuée de façon exhaustive auprès des entreprises employant au moins dix salariés et ayant une activité industrielle. Celle-ci correspond aux codes 02 à 54 de la nomenclature d'activités et de produits (NAP) de 1973.

Deux remarques :
- Les établissements de moins de 10 salariés dépendant d'entreprises de plus de 10 salariés figurent dans l'enquête.
- Les établissements industriels dépendant d'entreprises à activité commerciale ne sont pas interrogés.

L'organisation de l'enquête annuelle d'entreprise est fondée sur une répartition des entreprises par "secteur". L'ensemble d'une entreprise - y compris ses activités secondaires - est donc classé selon son activité principale pour la gestion d'enquête et les exploitations sectorielles. Cependant, l'enquête procure également des informations sur les activités secondaires de chaque entreprise, ce qui permet de procéder à des exploitations par "branche".

Si les effectifs salariés et les investissements sont relevés par établissement, les principales données comptables ne sont connues qu'au niveau de l'entreprise. Leur répartition par établissement donne lieu à une estimation, ce qui permet de présenter ici les résultats par secteur d'établissement.

Le passage au nouveau plan comptable à partir de l'exercice 1984 a entraîné une rupture dans les séries publiées. La définition de certains agrégats n'est en effet pas la même dans les deux plans comptables : tel est le cas du chiffre d'affaires et de la valeur ajoutée. D'autre part, le modèle d'estimation des comptes d'établissement a été modifié. Il s'ensuit que les résultats publiés à partir de 1984 sont difficilement comparables à ceux de la période précédente.

Pour en savoir plus :

- "Note trimestrielle de conjoncture industrielle" - Supplément Octant - Quadrimestriel.
- "Les degrés d'utilisation des équipements industriels : évolutions cycliques et stabilité sur longue période" - INSEE Première n° 470 - juillet 1996 - 4 p. ;
- "1995 : une année plutôt bonne pour les industries agro-alimentaires" - INSEE Première n° 468 - Juin 1996 - 4 p. ;
- "L'industrie manufacturière en 1995" - INSEE Première n°464 - Juin 1996 - 4 p.;
- "L'industrie française en 1994" - INSEE Résultats Économie générale - Septembre 1995 - 301 p.;
- "Production industrielle en 1995, le coup de froid européen n'épargne pas la France" - LE 4 PAGES n°59 - Mars 1996 - SESSI;
- "Les chiffres-clés de l'industrie" - Édition 1995-1996 - Collection Chiffres-clés-référence SESSI - 1995 - 237 p.

Données comptables des Établissements dépendant d'Entreprises de 10 salariés et plus

Source : Enquêtes annuelles d'entreprise - NAP 40 *unité : million de F.*

	1991			1992		
	Chiffres d'affaires	Valeur ajoutée *	Investis-sements	Chiffres d'affaires	Valeur ajoutée *	Investis-sements
Industrie de la viande et du lait	58 279,0	6 484,0	1 389,0	57 987,0	6 652,4	1 133,1
Autres industries agric. et aliment.	31 371,0	4 455,6	908,9	33 510,3	4 819,2	983,5
Industries agricoles et alimentaires	**89 650,0**	**10 939,6**	**2 297,9**	**91 497,3**	**11 471,6**	**2 116,6**
Énergie	**7 241,6**	**3 541,5**	**1 245,0**	**7 380,8**	**3 704,3**	**1 381,3**
Minerais et métaux ferreux	380,5	287,8	18,3	754,4	279,4	15,1
Minerais et métaux non ferreux	54,0	12,8	1,1	39,7	8,4	0,4
Matériaux de constr., minerais divers	3 909,3	1 462,9	257,6	3 447,7	1 249,5	216,7
Industrie du verre	237,6	91,6	5,4	283,4	99,3	6,9
Chimie de base fibres artif. et synth.	2 347,9	579,3	111,0	2 360,0	570,2	128,2
Fonderie et travail des métaux	4 593,2	1 873,7	199,3	4 414,9	1 649,1	216,8
Industrie du papier et du carton	1 826,5	751,9	108,8	1 927,6	762,9	137,3
Caoutchouc et matières plastiques	4 508,2	1 847,3	323,7	6 554,8	1 953,7	287,5
Industrie des biens intermédiaires	**17 857,2**	**6 907,3**	**1 025,2**	**19 782,5**	**6 572,5**	**1 008,9**
Construction mécanique	5 361,1	1 914,5	173,6	4 571,1	1 719,6	119,6
Construction éléctrique et électronique	14 016,0	5 054,0	491,3	14 239,3	4 899,5	490,4
Autom., autres mat. de transp. terrestre	18 593,6	3 107,4	1 024,2	13 305,0	2 868,1	1 266,4
Constr. navale, aéronaut. , armement **	7 361,8	2 591,8	296,9	7 916,5	2 803,6	336,3
Industrie des biens d'équipement	**45 332,5**	**12 667,7**	**1 986,0**	**40 031,9**	**12 290,8**	**2 212,7**
Parachimie, industrie pharmaceutique	3 434,0	1 037,1	123,4	3 394,3	1 007,1	163,5
Industrie textile et habillement	1 939,4	930,2	51,1	1 810,2	911,9	44,8
Industrie du cuir et de la chaussure	1 118,7	395,0	20,4	992,6	343,1	15,2
Bois, meubles, industries diverses	4 532,2	1 607,9	151,9	4 087,0	1 438,4	108,3
Imprimerie, presse, édition	3 500,4	1 514,6	124,1	3 165,1	1 362,6	109,9
Indust. des biens de consom. courante	**14 524,7**	**5 484,8**	**470,9**	**13 449,2**	**5 063,1**	**441,7**
Total Bretagne	**174 606,0**	**39 540,9**	**7 025,0**	**172 141,7**	**39 102,3**	**7 161,2**
France entière	4 178 419,1	1 236 335,3	226 161,6	4 044 541,0	1 186 057,7	205 158,6

* Valeur ajoutée brute au coût des facteurs : hors impôts et y compris subventions.
** Y compris les arsenaux.

Production des industries agricoles et alimentaires

Source : AGRESTE - Enquêtes de branche

	Unités	1992	1993	1994
Meunerie				
Livraisons de farine	1 000 t.	159,4	167,4	157,1
Biscuiterie	tonne	55 496	59 236	55 648
Aliments pour le bétail				
Aliments d'allaitement pour veaux	1 000 t.	140,5	162,3	160,7
Bovins (y.c. vaches laitières)	"	818,3	819,3	842,1
Porcins	"	3 681,5	3 958,5	4 071,6
Volailles	"	3 317,1	3 532,7	3 805,4
Lapins	"	121,4	125,6	122,7
Divers	"	28,4	33,8	37,3
Total aliments du bétail	"	**8 107,2**	**8 632,2**	**9 039,7**

Consommation d'engrais

Source : Ministère de l'Agriculture

Unité : kg d'unités fertilisantes

Campagne de livraison d'engrais 1er juin N au 31 mai N+1	1992 - 1993	1993 - 1994	1994 - 1995
Engrais azotés (N)	156 620	160 912	162 878
Engrais phosphatés (P)	60 309	60 399	54 745
Engrais potassiques (K)	97 399	93 600	96 480

Industrie laitière

Source : Ministère de l'Agriculture

	Unités	1993	1994	1995p
Collecte de lait de vache	million de l.	4 405,7	4 460,2	4 742,2
Lait de consommation	1 000 t.	562 052	547 413	536 243
Produits fabriqués :				
Beurre	tonne	118 702	113 243	111 278
Laits fermentés	"	64 608	66 328	73 894
Fromages de vache (fondus exclus) au total	"	133 784	137 299	142 196
dont : ensemble pâtes molles	*"*	*27 500*	*25 991*	*26 018*
emmental	*"*	*80 600*	*85 758*	*89 410*
Laits en poudre écrémés	"	126 480	115 851	127 699
Poudre de lactosérum	"	70 300	72 819	81 133

Conserveries

Sources : AGRESTE et Confédération Française de la Conserve (C.F.C.) — *Unité : tonne demi - brut **

Campagnes agricoles		1991 - 1992	1992 - 1993	1993 - 1994
Bretagne, total légumes		**314 158**	**268 673**	**275 926**
dont :	*Macédoine*	*29 140*	*27 990*	*25 273*
dont :	*Petits pois*	*58 459*	*41 068*	*38 770*
dont :	*Haricots verts et mange-tout*	*97 185*	*84 904*	*93 395*
Bretagne - produits de la mer (chiffres partiels)		**68 265**	**83 187**	**86 158**

** Tonne demi-brut : poids du produit + jus d'accompagnement + conditionnement.*

Tabac

Source : Manufacture de cigares de Morlaix — *Unité : (million d'unités pour les cigares (tonne pour les autres produits*

	1993	1994	1995
Cigares	331,9	261,5	253,0
Tabac à macher	17,0	10,6	9,2
Tabac à priser	1,5	0,3	0,5

Industries extractives

Sources : (Ministère de l'Industrie
(Syndicat National des producteurs — *Unité : tonne*

	1993	1994	1995
Minerai de fer en Ille-et-Vilaine	26 950	23 135	35 730
Kaolin *			
Production de la Bretagne	**255 403**	**287 795**	**298 281**
% par rapport la France	86,5	87,9	86,2

* Production de kaolin, d'argile kaolinique et de sable kaolinique.

Consommation de liants hydrauliques (livraisons + importations) *

Source : Syndicat National des Fabricants de ciments et chaux hydrauliques — *Unité : millier de tonnes*

	Côtes-d'Armor	Finistère	Ille-et-Vilaine	Morbihan	**Bretagne**
1994	191	258	423	216	**1 088**
1995	187	266	439	222	**1 144**

* Nouvelle base de données régionales.

Données comptables
Les données comptables sont extraites des déclarations fiscales des entreprises imposées sur leur bénéfice réel. Ces déclarations sont chaque année transmises à l'Insee qui les incorpore à sa banque de données SUSE (Système Unifié de Statistiques d'Entreprises).

La population d'entreprises concernées par ces données est variable dans le temps. La législation fiscale autorise en effet les entreprises dont le chiffre d'affaires annuel ne dépasse pas un certain seuil, à opter pour une imposition au "forfait" : celle-ci consiste à calculer l'impôt sur un bénéfice forfaitaire, résultat d'une évaluation de l'administration fiscale par branche d'activité. Le seuil de chiffre d'affaires, au-delà duquel les entreprises sont obligatoirement imposées sur leurs résultats réels, et doivent en conséquence communiquer au fisc leur bilan avec le compte de résultat complet, n'est pas réévalué chaque année à proportion de l'évolution des prix. Il s'ensuit que le nombre d'entreprises imposées sur leur bénéfice réel s'accroît chaque année.

Le lecteur aura garde d'interpréter les évolutions temporelles avec prudence, les variations d'une année sur l'autre étant biaisées par ces mécanismes de nature administrative.
En 1991, le seuil d'imposition au régime réel simplifié était un chiffre d'affaires de 150 000 F, et de 1 000 000 F au régime réel normal (1).
Les entreprises bretonnes du bâtiment imposées au réel représentaient en 1992, 70 % des entreprises bretonnes du secteur, 71 % de leurs établissements, et 90 % de leurs effectifs salariés.

Emploi
Les données sur l'emploi dans le secteur Bâtiment Génie Civil et Agricole (donc englobant les Travaux Publics) sont présentées à la rubrique Emploi. Les secteurs gros-oeuvre et second-oeuvre n'y sont pas distingués.

(1) A l'exception du secteur du commerce, pour lequel les seuils sont respectivement de 500 000 F et 300 000 F.

Pour en savoir plus :

- "Bulletin d'informations régionales - Bâtiment, travaux publics, matériaux" - Mensuel - Cellule Économique de Bretagne.
- "Le BTP depuis 1945" - INSEE Première n° 472 - Juillet 1996 - 4 p.;
- "L'activité du bâtiment et des travaux publics en France : arrêt de la baisse en 1994 et croissance en 1995" - Activité et Emploi dans le B.T.P. n°4 - Janvier 1995 - p. 15-65 - Ministère de l'Équipement, du Logement, des Transports et du Tourisme - Direction des Affaires Économiques et Internationales.

Établissements domiciliés et actifs en Bretagne

Source : SIRENE

Unité : 1 établissement

	Côtes-d'Armor	Finistère	Ille-et-Vilaine	Morbihan	**Bretagne**
au 31 décembre 1994					
Préparation de sites	228	282	250	221	**981**
Construction d'ouvrages de bâtiment ou de génie civil	1 131	1 400	1 213	1 347	**5 091**
Travaux d'installation	723	1 059	856	857	**3 495**
Travaux de finitions	1 496	2 133	1 812	1 818	**7 259**
TOTAL	3 578	4 874	4 131	4 243	**16 826**
au 31 décembre 1995					
Préparation de sites	208	270	253	201	**932**
Construction d'ouvrages de bâiment ou de génie civil	1 104	1 411	1 219	1 347	**5 081**
Travaux d'installation	715	1 051	864	872	**3 502**
Travaux de finitions	1 495	2 103	1 834	1 815	**7 247**
TOTAL	3 522	4 835	4 170	4 235	**16 762**

Données comptables des entreprises ayant leur siège en Bretagne et imposées sur le bénéfice réel

Source : déclarations fiscales de la base de données SUSE

Unités : 1 entreprise, 1 établissement, million de francs (MF)

1993	Nombre d'entreprises	Nombre d'établissements bretons	Chiffre d'affaires (MF)	Valeur* ajoutée (MF)	Investissement (MF)
Préparation des sites	745	775	1 867,3	779,1	62,4
Construction d'ouvrages	3 526	3 652	10 761,8	4 170,5	243,7
Travaux d'installation	2 694	2 806	4 951,9	2 072,4	77,7
Travaux de finition	5 172	5 280	7 172,2	3 215,3	147,5
Location de matériel	3	3	10,6	4,6	-
Total	12 140	12 516	24 763,8	10 241,9	531,3

* Valeur ajoutée brute au coût des facteurs, c'est à dire hors impôts et y compris subventions.

Commerce

L'Enquête Annuelle d'Entreprise (EAE) dans le commerce, réalisée par l'I.N.S.E.E., a été lancée pour la première fois sur l'exercice 1971 dans un nombre limité de secteurs commerciaux. Son champ s'est ensuite progressivement étendu à l'ensemble du commerce de gros et de détail, la boulangerie pâtisserie, la réparation et le commerce de l'automobile, la réparation d'articles personnels et domestiques.
Pour tous les secteurs, les entreprises de 20 salariés et plus sont interrogées exhaustivement. Celles de moins de 20 salariés sont enquêtées avec un taux de sondage qui varie de 1/2 à 1/50.
Remarque importante : l'unité statistique de base est l'entreprise et non l'établissement. **Les entreprises dont le siège est en Bretagne ne représentent pas exactement l'activité commerciale de la Bretagne**. En particulier, pour la grande distribution, dont le chiffre d'affaires représente près de 40 % de l'ensemble du commerce de détail, les établissements bretons ont très fréquemment leur siège hors Bretagne. A l'inverse, les résultats des entreprises dont le siège est en Bretagne comprennent ceux réalisés dans des établissements non bretons. Pour ces mêmes raisons, il faut par ailleurs éviter de comparer des années successives.

Données comptables des entreprises

La marge est calculée comme la différence entre le chiffre d'affaires net, augmenté de la production immobilisée et de la production stockée, et les seuls achats de marchandises, corrigés des variations de stocks marchandises. Cet indicateur permet d'approcher la production des entreprises commerciales. La valeur ajoutée est obtenue à partir de la marge, diminuée des achats de matières premières, des autres achats et charges externes.

L'emploi dans le commerce

La notion de personne occupée recouvre l'effectif salarié, l'effectif non salarié, et l'effectif mis à disposition par une autre entreprise. En 1993, en France, parmi les 2,5 millions de personnes occupées dans le secteur du commerce, 83,5 % étaient salariées. Les non salariés sont nombreux dans les secteurs regroupant des entreprises de petite taille : petites surfaces d'alimentation générale (48 %), commerce de détail spécialisé alimentaire (41 %), vente sur les marchés (49 %).

Pour en savoir plus :

- "Le commerce de gros non-alimentaire : ouverture internationale" - INSEE Première n°465 - Juin 1996 - 4 p.;
- "Le commerce en 1995" - INSEE Première n° 443 - Avril 1996 - 4 p.;
- "Les comptes du commerce en 1994 : rapport de la Commission des comptes commerciaux de la Nation" - INSEE Résultats - Économie générale n° 124-125 - Janvier 1996 - 226 p.;
- "Les entreprises du commerce en 1993 - résultats de l'enquête annuelle d'entreprise" - INSEE Résultats - Système Productif n° 94-95-96 - Décembre 1995 - 391 p.;
- "La France des commerces" - Édition 1995 - 88 p. - Ministère des Entreprises et du Développement Économique.

Ratios de gestion comptables des entreprises du commerce

Commerce de gros

Source : Enquête annuelle d'entreprises dans le commerce — *Unité : millier de francs hors taxes / personne occupée*

1993	Entreprises ayant leur siège en Bretagne			France		
	Chiffre d'affaires par pers. occupée	Marge par personne occupée	Valeur ajoutée par pers. occupée	Chiffre d'affaires par pers. occupée	Marge par personne occupée	Valeur ajoutée par pers. occupée
Produits agricoles bruts	8 870	952	247	5 286	660	259
Produits alimentaires frais	4 310	629	242	3 111	528	236
Autres produits alimentaires	2 251	599	295	2 662	627	320
Produits pharmaceutiques	3 946	469	244	3 217	559	344
Autres biens de consommation non alimentaires	1 323	411	254	1 795	602	310
Combustibles et carburants	5 482	589	333	6 878	1 286	714
Produits pour l'aménagement de l'habitat	1 304	368	235	1 420	420	258
Autres produits intermédiaires (minerais, métaux, prod. chimiques ...)	1 552	498	302	2 877	663	337
Machines de bureau et mat. informatique	1 109	437	262	1 553	609	335
Autres équipements industriels	1 088	379	239	1 399	489	294

Commerce de détail

Source : Enquête annuelle d'entreprises dans le commerce — *Unité : millier de francs hors taxes / personne occupée*

1993	Entreprises ayant leur siège en Bretagne			France		
	Chiffre d'affaires par pers. occupée	Marge par personne occupée	Valeur ajoutée par pers. occupée	Chiffre d'affaires par pers. occupée	Marge par personne occupée	Valeur ajoutée par pers. occupée
Produits surgelés	697	285	192	938	338	194
Supérettes et alim. gén. petite surface	865	200	137	812	195	129
Grandes surfaces à prédominance alimentaire	1 861	300	195	1 603	300	188
dont : supermarchés	*1 932*	*308*	*201*	*1 583*	*266*	*169*
hypermarchés	*1 691*	*280*	*179*	*1 647*	*322*	*201*
Non spécialisé non alimentaire	625	226	153	834	315	187
Alimentaires spécialisés (hors tabacs)	600	234	159	623	228	151
dont : viande et prod. à base de viande	*618*	*253*	*168*	*630*	*243*	*161*
poissons	*576*	*187*	*143*	*660*	*217*	*152*
pain, patisserie	*361*	*238*	*161*	*433*	*222*	*139*
Tabacs	332	235	189	424	230	178
Pharmacies et articles médicaux	959	312	269	926	307	259
Habillement et articles en cuir	567	225	151	630	255	155
Équipement du foyer	879	326	189	909	338	193
Amnagement de l'habitat	549	214	142	681	270	172
Hygiène, culture, loisirs, sports	603	268	171	665	279	180
Autres spécialisés non alimentaires	558	245	155	763	286	173
Vente par correspondance	3 379	2 163	554	1 515	749	222
Vente hors magasin (marchés, domicile...)	362	169	112	310	140	91
Réparation d'articles pers. et domestiques	281	228	116	271	238	140

SECTEUR TERTIAIRE

L'Enquête Annuelle d'Entreprise (EAE) dans les services est réalisée par l'Insee. Le champ de l'enquête couvre la majeure partie des services marchands. Il est défini depuis 1993 par la nomenclature NAF (divisions ou postes 37, 55, 63.3, 64, 70, 71, 72, 74, 90, 92.1, 92.2, 92.4, 93 à l'exception des postes 55.2, 64.1A et 70.3E). Il n'y a pas de correspondance biunivoque entre les classes de cette nouvelle nomenclature et la précédente NAP73).

L'unité statistique de base est l'entreprise et non l'établissement. Pour tous les secteurs du champ de l'enquête, toutes les entreprises occupant 20 salariés et plus sont enquêtées exhaustivement. Celles ayant moins de 20 salariés le sont par sondage.

Les résultats publiés dans le tableau ci-contre ne concernent que les entreprises dont le siège est en Bretagne et, outre le changement de nomenclature opéré en 1993, il faut s'abstenir de comparer les résultats d'années successives. En effet, à l'erreur aléatoire inhèrente au sondage s'ajoutent des évolutions parfois importantes de l'univers enquêté: des entreprises importantes peuvent entrer ou sortir du champ (transfert de siège social, modification du code APE ...).

Pour en savoir plus :

- "Les services marchands en 1995" - INSEE Première n° 459 - Juin 1996 - 4 p.;
- "Les comptes des services en 1994" - INSEE Résultats - Économie générale n° 121-122-123 Décembre 1995 - 437 p.;
- "Les entreprises des services en 1993" - INSEE Résultats - Système productif n°90-91 - Septembre 1995 - 335 p.;
- "La France des services" - INSEE - Édition 1996 - 152 p.

Données comptables des entreprises ayant leur siège en Bretagne

	Nombre d'entreprises	Effectif salarié au 31/12/94	Personnel occupé annuel moyen	Chiffre d'affaires	Valeur ajoutée	Investissements réalisés
Hôtels et restaurants (55)	**11 479**	**22 967**	**37 293**	**11 959**	**5 639**	**962**
55.1 : Hôtels	1 682	6 296	9 855	3 810	1 668	510
55.3 : Restaurants	4 728	13 006	18 609	5 608	2 763	253
55.4 : Cafés	5 024	2 363	7 574	2 168	1 037	191
55.5 : Cantines et traiteurs	45	1 302	1 255	373	171	8
Activités immobilières (70)	**1 311**	**4 553**	**5 754**	**5 952**	**2 769**	**2 080**
70.1 : Activité immobilières compte propre	270	591	816	1 998	398	132
70.2 : Locations de biens immobiliers	222	2 284	2 399	3 102	1 939	1 927
70.3 : Activités immobilières compte de tiers	819	1 678	2 539	853	432	20
Locations sans opérateur (71)	**792**	**1 668**	**2 817**	**1 533**	**915**	**627**
71.1 : Locations de véhicules automobiles	62	184	230	274	183	247
71.2 : Locations d'autres matériels de transports	15	35	49	56	42	48
71.3 : Locations de machines et équipements	531	1 030	1 938	976	571	288
71.4 : Locations de biens personnels et domestiques	184	419	600	227	119	44
Services fournis principalement aux entreprises (74)	**5 375**	**33 261**	**40 103**	**13 794**	**7 898**	**342**
74.1 : Activités juridique,comptable,conseil et gestion	1 990	11 746	13 503	6 593	4 048	158
74.2 : Architecture et ingénierie	1 057	4 417	5 826	2 150	1 368	65
74.3 : Contrôle et analyses techniques	127	592	704	166	110	8
74.4 : Publicité	252	1 436	1 694	1 183	317	18
74.5 : Sélection, fourniture de personnel	37	2 722	4 568	449	389	2
74.6 : Enquêtes et sécurité	35	599	516	128	84	6
74.7 : Activités de nettoyage	257	7 616	7 450	667	543	17
74.8 : Services divers aux entreprises	1 620	4 133	5 842	2 458	1 040	68
Services audiovisuels et agences de presse (92)	**143**	**636**	**689**	**261**	**106**	**23**
92.1 : Activités cinématographiques et vidéo	69	399	448	196	75	21
92.2 : Activités de radio, télévision	39	224	193	50	23	2
92.4 : Agences de presse	35	13	48	15	8	ε
Services personnels (93)	**3 749**	**6 907**	**10 365**	**2 088**	**1 358**	**74**
93.0A, 93.0B : Blanchisserie, teinturerie	396	648	1 102	253	146	29
93.0D, 93.0E : Coiffure, soins de beauté	2 801	5 144	7 654	1 300	945	25
93.0G, 93.0H : Services funéraires	109	756	769	376	169	15
93.0K à 93.0N : Autres services personnels	443	359	840	159	98	4
Agences de voyages (63.3)	**89**	**462**	**568**	**898**	**87**	**6**
Activités informatiques (72)	**356**	**2 754**	**2 779**	**1 558**	**631**	**45**
Assainissement, gestion des déchets (90)	**38**	**688**	**706**	**335**	**158**	**36**

Tourisme

La Direction Régionale de l'Insee effectue chaque année deux enquêtes sur la fréquentation touristique : la première auprès des gérants de terrains de camping-caravaning, la seconde auprès des hôteliers.
Les enquêtes de fréquentation dans l'hôtellerie et l'hôtellerie de plein air sont réalisées en collaboration avec la Direction du Tourisme.

Taux d'utilisation

Rapport du nombre de chambres occupées au nombre total de chambres d'hôtels homologuées.

Taux d'occupation

Rapport du nombre de chambres (emplacements) occupées au nombre total de chambres (emplacements) des hôtels (campings) ouverts.

Pour en savoir plus :

- "La saison touristique en 1995" - Les dossiers d'Octant n° 33 - Avril 1996 - 33 p.;
- "Océanopolis : l'image d'une ville - Océanopolis : 24 MF apportés à l'économie locale" - Octant n°64 - Janvier 1996 - p. 43-54.
- "Mémento du Tourisme" - 1996 - 134 p. - Ministère du Tourisme - Observatoire national du Tourisme.

Parc hôtelier homologué en Bretagne au 1er janvier 1995

Sources : INSEE - Direction du Tourisme - Préfectures

	0 et *		**		***		****		Ensemble	
	Hôtels	Chamb.	Hôtels	Chamb.	Hôtels	Chamb.	Hôtels	Chamb.	Hôtels	Chamb.
Côtes -d'Armor	**52**	**777**	**119**	**2 568**	**31**	**896**	**1**	**13**	**203**	**4 254**
Finistère	**43**	**800**	**160**	**4 297**	**37**	**1 408**	**4**	**93**	**244**	**6 598**
Ille-et-Vilaine	**70**	**1 415**	**152**	**4 161**	**39**	**1 644**	**3**	**90**	**264**	**7 310**
Morbihan	**47**	**825**	**163**	**3 888**	**41**	**1 514**	**8**	**468**	**259**	**6 695**
Littoral	89	1 505	326	8 078	97	3 544	12	604	524	13 731
Intérieur	123	2 312	268	6 836	51	1 918	4	60	446	11 126
Bretagne	**212**	**3 817**	**594**	**14 914**	**148**	**5 462**	**16**	**664**	**970**	**24 857**
France	3 308	60 827	10 589	303 817	3 333	156 044	552	38 321	17 782	559 009
% Bretagne/France	*6,4*	*6,3*	*5,6*	*4,9*	*4,4*	*3,5*	*2,9*	*1,7*	*5,5*	*4,4*

Nuitées dans l'hôtellerie classée (* à ****) selon le pays d'origine des clients

Sources : INSEE - Direction du Tourisme *Unité : millier de nuits*

1995	Côtes-d'Armor	Finistère	Ille-et-Vilaine	Morbihan	**Bretagne**	*France*
France	621	1 140	1 467	1 257	**4 486**	*64 777*
Pays étrangers	251	350	524	230	**1 390**	*33 209*
dont :						
Grande-Bretagne, Irlande	*87*	*96*	*171*	*48*	***403***	6 297
Allemagne	*58*	*90*	*118*	*71*	***338***	*7 489*
Belgique-Luxembourg	*39*	*36*	*44*	*40*	***160***	*2 650*
Italie-Grèce	*14*	*34*	*39*	*22*	***111***	*983*
Suisse	*13*	*22*	*26*	*29*	***90***	*1 097*
Espagne-Portugal	*5*	*13*	*29*	*9*	***58***	*492*
Toutes origines	**872**	**1 490**	**1 992**	**1 487**	**5 876**	***97 986***

Taux d'utilisation et d'occupation des hôtels, poids de la clientèle étrangère

Sources : INSEE - Direction du Tourisme *Unité : %*

1995	*	**	***	****	Côtes-d'Armor	Finistère	Ille-et-Vilaine	Morbihan	Littoral	Intérieur	Bretagne
Taux d'utilisation du parc hôtelier	34,8	42,3	44,2	54,1	**37,3**	**40,6**	**48,4**	**41,2**	38,6	40,9	**42,4**
Taux d'occupation des hôtels ouverts	39,1	47,9	50,7	63,1	**44,8**	**47,3**	**51,5**	**47,4**	50,5	45,8	**48,2**
Poids de la clientèle étrangère dans l'ensemble des nuitées	21,4	22,0	29,5	21,3	**28,8**	**23,5**	**26,3**	**17,3**	25,6	20,8	**23,7**

Taux d'occupation des hôtels ouverts au cours de la saison estivale

Source : INSEE - Enquête mensuelle de fréquentation hôtelière *Unité : %*

1er mai - 30 septembre 1995	Mai	Juin	Juillet	Août	Sept.	Saison
*	36,5	41,6	51,4	69,9	46,3	48,7
* *	46,9	56,0	61,5	77,7	57,6	60,0
* * *	51,1	61,1	68,1	80,6	60,2	64,4
* * * *	68,7	67,2	73,1	79,0	58,4	69,4
Côtes-d'Armor	**44,1**	**53,8**	**70,7**	**84,0**	**52,2**	**61,1**
Finistère	**43,1**	**58,3**	**61,4**	**79,5**	**55,8**	**59,7**
Ille-et-Vilaine	**53,1**	**58,4**	**61,8**	**70,7**	**65,4**	**61,8**
Morbihan	**48,4**	**53,1**	**60,0**	**79,6**	**53,2**	**59,0**
Littoral	47,1	57,5	70,8	86,2	57,8	64,0
Intérieur	48,3	54,5	52,0	66,9	56,6	55,6
Bretagne	**47,6**	**56,2**	**62,6**	**77,8**	**57,3**	**60,3**

Poids de la clientèle étrangère dans l'hôtellerie au cours de la saison estivale

Source : INSEE - Enquête mensuelle de fréquentation hôtelière *Unité : % du nombre de nuitées*

1er mai - 30 septembre 1995	Mai	Juin	Juillet	Août	Sept.	Saison
*	23,0	31,7	29,0	24,6	27,9	27,0
* *	22,7	29,3	29,7	27,7	28,4	27,8
* * *	30,3	36,6	39,4	37,6	35,7	36,5
* * * *	20,5	24,9	31,6	25,0	30,2	26,4
Côtes-d'Armor	**30,9**	**34,0**	**36,2**	**30,5**	**39,1**	**33,7**
Finistère	**25,3**	**29,7**	**31,7**	**29,5**	**27,5**	**29,0**
Ill-et-Vilaine	**25,6**	**34,4**	**37,6**	**38,6**	**34,8**	**34,7**
Morbihan	**18,1**	**26,0**	**23,4**	**21,3**	**21,9**	**22,1**
Littoral	25,0	33,8	35,0	27,4	31,4	30,6
Intérieur	23,3	26,3	25,9	33,8	28,4	28,2
Bretagne	**24,3**	**31,0**	**32,1**	**29,7**	**30,2**	**29,7**

Parc des terrains homologués en Bretagne au 1er janvier 1995

Source : Fédération Française de Camping et de Caravaning - Préfectures et INSEE

	*		* *		* * *		* * * *		Ensemble	
	Terrains	Emplacements	Terrains	Emplacements	Terrains	Emplacements	Terrains	Emplacements	Terrains	Emplacements
Côtes-d'Armor	**27**	**2 643**	**91**	**7 258**	**35**	**4 851**	**12**	**2 135**	**165**	**16 887**
Finistère	**27**	**1 673**	**210**	**20 982**	**41**	**6 150**	**19**	**4 429**	**297**	**33 234**
Ille-et-Vilaine	**7**	**209**	**54**	**4 502**	**14**	**2 161**	**5**	**1 134**	**80**	**8 006**
Morbihan	**29**	**1 702**	**159**	**15 595**	**66**	**8 642**	**15**	**2 956**	**269**	**28 895**
Littoral	55	5 087	339	38 254	125	18 645	38	8 248	557	70 234
Intérieur	35	1 140	175	10 083	31	3 159	13	2 406	254	16 788
Bretagne	**90**	**6 227**	**514**	**48 337**	**156**	**21 804**	**51**	**10 654**	**811**	**87 022**
France	1 150	69 675	4 429	355 736	1 951	261 088	665	132 425	8 195	818 924
% Bretagne/France	7,8	8,9	11,6	13,6	8,0	8,4	7,7	8,0	9,9	10,6

Taux d'occupation des terrains ouverts

Source: INSEE - Direction du Tourisme

Unité : % du nombre de nuitées

1er mai-30 septembre 1995	Mai		Juin		Juillet		Août		Septembre		Saison
	1ère quinz.	2ème quinz.	1ère quinz.	2ème quinz.	1ère quinz.	2ème quinz.	1ère quinz.	2ème quinz.	1ère quinz.	2ème quinz.	
*	4,9	8,6	8,0	13,0	42,8	67,6	79,0	52,3	10,7	5,0	36,1
* *	7,4	11,1	10,5	14,2	39,6	60,3	76,4	43,3	8,7	5,3	33,7
* * *	3,7	7,5	8,1	13,5	45,2	73,0	86,9	47,7	11,5	6,0	34,1
* * * *	5,8	14,9	18,8	25,7	46,3	71,3	82,1	52,9	22,8	9,5	38,5
Côtes-d'Armor	**4,4**	10,4	**10,5**	16,1	42,3	**69,1**	82,9	52,4	**17,0**	7,7	35,7
Finistère	**3,5**	**6,2**	**8,5**	**12,5**	**35,9**	**58,5**	**74,7**	**38,8**	**8,3**	**3,7**	**31,1**
Ille-et-Vilaine	**9,7**	**16,7**	**20,0**	**25,4**	**47,9**	**70,2**	**80,5**	**57,7**	**20,0**	**13,7**	**39,6**
Morbihan	**7,5**	**12,4**	**10,7**	**15,5**	**47,2**	**69,6**	**84,0**	**47,9**	**9,1**	**4,7**	**36,3**
Littoral	6,2	10,1	10,3	15,3	45,0	70,3	84,0	48,5	11,0	5,0	36,0
Intérieur	7,7	12,3	13,9	15,9	29,5	44,3	63,1	37,0	13,2	11,0	28,7
Bretagne	**5,8**	**10,5**	**10,9**	**15,5**	**42,0**	**65,3**	**79,9**	**46,2**	**11,4**	**6,0**	**34,6**

Poids de la clientèle étrangère dans l'hôtellerie de plein air au cours de la saison estivale

Source: INSEE - Direction du Tourisme

Unité : % du nombre de nuitées

1er mai-30 septembre 1995	Mai		Juin		Juillet		Août		Septembre		Saison
	1ère quinz.	2ème quinz.	1ère quinz.	2ème quinz.	1ère quinz.	2ème quinz.	1ère quinz.	2ème quinz.	1ère quinz.	2ème quinz.	
*	11,7	16,9	27,7	25,9	22,2	30,0	20,5	21,0	19,2	18,2	23,3
* *	11,8	15,3	23,6	24,4	14,6	16,4	13,2	12,5	27,1	26,4	15,1
* * *	23,5	31,2	46,4	44,5	24,8	27,0	21,7	26,7	59,4	57,6	27,2
* * * *	58,8	81,1	87,5	88,2	57,7	57,6	53,9	57,4	78,5	72,3	62,3
Côtes-d'Armor	**38,8**	**60,7**	**72,4**	**61,3**	**32,7**	**35,1**	**30,0**	**31,1**	**58,3**	**65,2**	**37,1**
Finistère	**28,3**	**42,5**	**56,2**	**49,6**	**23,3**	**22,6**	**21,7**	**21,5**	**50,8**	**33,6**	**25,1**
Ille-et-Vilaine	**18,5**	**50,3**	**60,3**	**60,8**	**41,6**	**43,0**	**39,6**	**38,8**	**46,4**	**36,6**	**42,8**
Morbihan	**12,9**	**21,7**	**33,7**	**30,3**	**18,6**	**21,8**	**15,6**	**18,1**	**31,6**	**32,2**	**19,3**
Littoral	20,5	36,1	51,5	44,5	22,7	24,6	19,8	21,6	48,5	45,5	24,7
Intérieur	30,4	58,4	63,9	58,9	38,5	39,5	36,5	38,4	52,0	47,1	41,1
Bretagne	**22,6**	**40,9**	**54,2**	**47,4**	**24,9**	**26,6**	**22,3**	**24,0**	**49,1**	**45,9**	**27,2**

Parc des véhicules

Le département des statistiques des Transports du secrétariat d'État chargé des Transports procède, chaque année, au dépouillement du Fichier des véhicules utilitaires de moins de 10 ans d'âge pour dénombrer les véhicules immatriculés à la date du 1er janvier de l'année (abstraction faite des véhicules immatriculés par les administrations civiles et militaires, ou, à titre temporaire, dans les séries TT et IT).
Les résultats obtenus - et présentés ci-contre - sont en fait supérieurs aux chiffres réels des véhicules en circulation par défaut de déclaration de toutes les destructions aux préfectures.

Immatriculations de motocycles

Sont pris en compte tous les motocycles de plus de 50 cm3.

Taxes sur les véhicules à moteur (vignettes)

Le dénombrement des "vignettes" automobiles, instituées par la loi du 30 juin 1956 permet une estimation du nombre des véhicules automobiles en circulation. La taxe différentielle, applicable aux véhicules de moins de 25 ans, concerne les voitures particulières et commerciales, les camionnettes et camions. Certaines de ces vignettes sont délivrées gratuitement (V.R.P., victimes de guerre, etc...). A partir de la campagne 1984-1985, les vignettes sont perçues dans le département d'immatriculation.

Pour en savoir plus :

- "Le transport en Bretagne : les chiffres 1994" - Annuaire statistique des transports - 1995 - 87 p. - Direction Régionale de l'Équipement;
- "Les infrastructures de transport en Bretagne à l'horizon 2010 : synthése et priorités" - Conseil Économique et Social de Bretagne - Mai 1995 - 39 p.;
- **A paraître :** "Observatoire Régional de Sécurité Routière - principaux résultats 1995" - Direction Régionale de l'Équipement.

- "Les transports en 1994" - INSEE Première n°401 - Septembre 1995 - 4 p.;
- "Le marché automobile, un cycle spécifique ?" - Économie et statistique n°282 - 1995 - p. 65-90;
- "Les comptes des transports en 1994" - INSEE Résultats - Économie générale n° 113 - Juillet 1995 - 177 p.

Immatriculations

Source : Ministère des Transports

1995	Côtes-d'Armor	Finistère	Ille-et-Vilaine	Morbihan	**Bretagne**	France
Immatriculations de véhicules						
Voitures particulières et commerciales						
Neuves	16 198	27 460	23 166	19 458	**86 282**	1 930 504
dont : marques étrangères	*5 948*	*10 737*	*8 352*	*7 578*	***32 615***	*783 570*
diésel	*8 084*	*13 453*	*11 798*	*9 633*	***42 968***	*897 698*
Occasions	35 101	54 172	58 532	42 885	**190 690**	4 128 745
Véhicules utilitaires (y.c. tracteurs agricoles)						
Neufs	4 128	5 570	7 602	3 886	**21 186**	407 901
dont : camions, camionnettes et véhicules spéciaux	*2 825*	*4 157*	*5 581*	*2 893*	***15 456***	*332 052*
tracteurs agricoles	*799*	*880*	*856*	*546*	***3 081***	*32 235*
Occasions	8 572	11 086	13 010	9 354	**42 022**	801 999
dont : camions camionnettes et véhicules spéciaux	*6 474*	*9 023*	*9 809*	*7 378*	***32 684***	*651 408*
tracteurs agricoles	*1 441*	*1 361*	*1 963*	*1 164*	***5 929***	*91 535*
Immatriculations de motocycles						
Neufs	510	848	770	712	**2 840**	85 639
Occasions	1 841	2 549	3 473	2 430	**10 293**	292 641

Parc des véhicules utilitaires

Source : Ministère des Transports

de moins de 10 ans au 1-1-96	Côtes-d'Armor	Finistère	Ille-et-Vilaine	Morbihan	**Bretagne**	France
Autocars et autobus	246	555	684	430	**1 915**	44 161
Camions, camionnettes et véhicules spéciaux	36 986	53 446	56 763	38 997	**186 192**	3 596 916
Tracteurs autres qu'agricoles	1990	2 355	4 524	2 940	**11 809**	175 746
Remorques	270	305	614	344	**1 533**	27 006
Semi-remorques	1447	1 890	4 439	2 126	**9 902**	151 668

"Vignettes" délivrées en novembre et décembre

Source : Ministère du Budget

1995	Côtes-d'Armor	Finistère	Ille-et-Vilaine	Morbihan	**Bretagne**
Véhicules de moins de 5 ans	100 695	164 367	146 030	115 807	**526 899**
Véhicules de 5 ans et moins de 20 ans	193 209	277 500	280 572	215 822	**967 103**
Véhicules de 20-25 ans	3 668	3 370	5 001	3 420	**15 459**

Accidents corporels de la circulation

Source : Ministère de l'Intérieur - Sûreté Nationale

1995	Côtes-d'Armor	Finistère	Ille-et-Vilaine	Morbihan	**Bretagne**	France
Accidents	677	1 298	1 548	790	**4 313**	132 949
Tués	81	106	110	95	**392**	8 412
Blessés	920	1 684	2 111	1 101	**5 816**	181 403

S.N.C.F. - Trafic voyageurs

Source : S.N.C.F. *Unité : millier de francs, millier de voyageurs*

	Côtes-d'Armor	Finistère	Ille-et-Vilaine	Morbihan	**Bretagne**
Chiffre d'affaires "voyageurs" global des gares					
1992	129	215	272	169	**785**
1993	128	217	285	173	**803**
1994	125	214	306	155	**800**
1995	118	149	249	144	**660**
Nombre de voyageurs (*) utilisant le T.G.V. au départ de la région Bretagne vers d'autres régions					
1994	282	439	1 239	330	**2 008**
1995	283	449	1 267	338	**2 337**

* Non compris les voyageurs munis d'abonnement de travail ou d'abonnement modulopass.

S.N.C.F. - Principales marchandises reçues et expédiées par les gares de la Région en 1995

Source : S.N.C.F. *Unité : millier de tonnes*

	Marchandises reçues	Marchandises expédiées
Ensemble	**2 431,4**	**739,1**
dont:		
Céréales dérivés	*1 362,1*	*40,4*
Denrées périssables	*-*	*2,9*
Produits d'épicerie séche	*14,1*	*0,9*
Boissons	*144,8*	*37,7*
Combustibles minéraux solides	*0,2*	*55,3*
Minerais et ferrailles	*27,0*	*156,0*
Produits de la sidérurgie	*175,4*	*1,8*
Produits des industries mécaniques et électriques	*3,6*	*0,4*
Véhicules machines agricoles	*57,2*	*181,9*
Produits pétroliers	*83,7*	*2,6*
Produits chimiques	*1,2*	*0,1*
Amendements et engrais	*327,4*	*49,3*
Produits carrière matériaux de construction	*44,8*	*118,9*
Verre céramique	*13,7*	*0,1*
Bois matières tannantes	*43,5*	*21,4*
Papiers et cartons	*37,6*	*9,3*
Transports de conteneurs	*93,4*	*56,4*

Transports aériens

Source : Direction Générale de l'Aviation Civile

Aérodromes	Années	Trafic commercial payant et non payant		Frêt (tonne)	Poste (tonne)
		Mouvement d'appareils	Nombre de passagers (arrivées + départs + transit direct) Total		
BREST	**1994**	9 420	535 269	1 007	2 007
	1995	9 778	533 880	695,3	1 890
DINARD	**1994**	3 125	43 447	27	///
	1995	4 829	49 760	21,5	///
LANNION	**1994**	1 103	47 295	34	///
	1995	1 294	46 189	15,6	///
LORIENT	**1994**	3 289	220 056	176	11
	1995	2 201	202 089	186,4	///
MORLAIX	**1994**	241	945	5	///
	1995	138	716	1	///
QUIMPER	**1994**	2 589	159 327	121	///
	1995	3 321	180 355	131,9	24,5
RENNES	**1994**	13 651	234 132	509	3 700
	1995	14 415	241 883	2 181,7	4 137
SAINT-BRIEUC	**1994**	1 020	16 014	1,5	///
	1995	1 467	16 655	15,6	///

Ports maritimes

Source : Directions départementales de l'Équipement

Unités : Marchandises 1000 t.

1995	Saint-Brieuc (Port du Légué)	Tréguier	Brest	Roscoff	Saint-Malo (***)	Lorient (****)
Marchandises débarquées au total *	314	209	1751	333	1787	2466
dont :						
Denrées alimentaires et fourrages	*170*	*84*	*865*	*54*	*78*	*1196*
Produits pétroliers	*///*	*///*	*714*	*///*	*168*	*882*
Minéraux bruts, matériaux de construction	*12*	*45*	*42*	*92*	*135*	*306*
Engrais	*107*	*76*	*15*	*8*	*921*	*65*
Marchandises embarquées au total **	84	28	413	194	306	17

* Non compris les produits de la pêche.
** Non compris les provisions de bord des navires.
*** Navigation côtière, traversée Saint-Malo-Dinard.
**** Navigation côtière, non compris à l'intérieur de la rade.

Ports maritimes - Trafic voyageurs

Source : Directions Régionale et Départementale de l'Équipement

Unité : millier de voyageurs

1995	Roscoff	Saint-Malo
Entrées	311,1	494,4
Sorties	313,3	463,3
Total	624,4	957,7

Commerce extérieur

COMMERCE EXTÉRIEUR

COMMERCE EXTÉRIEUR

Les statistiques régionalisées du commerce extérieur sont produites par la Direction Générale des Douanes et des Droits Indirects sur la base de déclarations, qui, entre autres éléments, portent indication des départements destinataires ou expéditeurs des marchandises importées ou exportées. Il est à noter, cependant, que pour certains types d'opérations, des informations inexactes peuvent avoir été fournies par les déclarants qui, au moment où sont appréhendés ces courants de trafic, c'est-à-dire au moment du dédouanement de la marchandise, peuvent n'avoir qu'une vue partielle du courant commercial. C'est ainsi que, à l'importation notamment, les résultats enregistrés pour certains secteurs peuvent être faussés par l'existence d'un concessionnaire-importateur exclusif installé dans une autre région, ou par la localisation parisienne d'un certain nombre de sièges sociaux qui peuvent avoir une action de convergence ou de redistribution du trafic.

De même, les pratiques de commercialisation de certains produits agricoles peuvent parfois s'opposer à une détermination exacte du volume des exportations réalisées par la Région.

Cependant, en dépit de ces réserves, les résultats globaux dégagés du compte régional peuvent être considérés comme des éléments de comparaison donnant une image relativement exacte de l'évolution, de la structure et de l'orientation du commerce extérieur régional.

Ces statistiques sont établies en "commerce-spécial", méthode qui a comme effet d'éliminer les mouvements des entrepôts sous-douane.

A l'importation, la valeur en douane correspond à la valeur CAF de la marchandise qui comprend des frais divers relatifs notamment au transport (assurance, frêt) jusqu'au point d'entrée dans la CEE, alors qu'à l'exportation ces éléments ne sont pas pris en considération (prix FAB, Franco à bord).

IMPORTANT

Les tableaux ayant été arrêtés à dates différentes, les totaux peuvent varier légèrement d'un tableau à l'autre.

Pour en savoir plus :

- "Commerce international de la région Bretagne - année 1995" - Direction Régionale des Douanes - 1996 - 80 p. ;
- "Les échanges extérieures de la France en 1995" - INSEE Première n°460 - Juin 1996 - 4 p. ;
- "Comptes et indicateurs économiques de 1995" - INSEE Résultats - Économie générale - n° 128-129-130 - Juin 1996 - 408 p. ;
- "Les échanges commerciaux de la France en 1995" - Ministère de l'Économie et des Finances - direction des relations économiques extérieures - Avril 1996 - 273 p. ;
- "Le commerce extérieur de la France en 1995, un millésime record" - Les notes bleues de Bercy n° 85 - Avril 1996 - 16 p. ;
- "La balance des paiements de la France, rapport annuel 1995" - Ministère de l'Économie et des Finances-Banque de France - 1996.

Importations/introductions et exportations/expéditions de la Bretagne par département

Source : Direction Générale des Douanes *Valeur : million de F. - Quantité : 1 000 tonnes*

		Côtes-d'Armor	Finistère	Ille-et-Vilaine	Morbihan	**Bretagne**	% Bretagne / France
				Importations			
Quantités	1993	463	1 666	1 645	2 776	**6 550**	2,4
	1994	508	2 037	1 892	2 784	**7 221**	2,5
	1995	792	1 952	2 111	2 454	**7 309**	2,5
Valeurs	1993	2 470	6 759	9 361	5 557	**24 147**	2,1
	1994	2 791	6 849	10 370	5 877	**25 887**	2,0
	1995	3 264	7 092	10 888	6 045	**27 289**	2,0
				Exportations			
Quantités	1993	421	1 125	833	491	**2 870**	1,7
	1994	547	1 221	805	573	**3 146**	1,9
	1995	567	1 212	751	644	**3 174**	1,9
Valeurs	1993	5 449	9 167	20 333	5 535	**40 484**	3,5
	1994	6 121	10 514	19 502	6 495	**42 632**	3,3
	1995	5 863	11 022	9 842	7 171	**33 898**	2,4

Répartition en valeurs par groupe de produits en 1995

Source : Direction Générale des Douanes *Valeur : million de F. - Quantité : 1 000 tonnes*

Groupe de produits Niveau 40 de la nomenclature d'activités et de produits 1973		**Importations** Valeur	**Importations** Quantité	**Exportations** Valeur	**Exportations** Quantité
T01	Agriculture, sylviculture, pêche	2 624	901	2 618	556
T02	Industrie du lait et de la viande	2 520	175	11 183	1 073
T03	Autres industries agricoles et alimentaires	4 009	2 149	2 527	426
T04	Product. de combustibles minéraux solides et cokéfaction	ε	1	-	-
T05	Production de pétrole et de gaz naturel	1 133	1 438	ε	ε
T06	Product. et distribution d'électricité, distribution de gaz et d'eau	ε	ε	ε	ε
T07	Product. de minerais et métaux ferreux, 1ère transformation de l'acier	737	190	145	11
T08	Product. de minerais, métaux et demi-produits non ferreux	185	13	11	5
T09	Product. de matériaux de construction et minerais divers	777	708	461	645
T10	Industrie du verre	138	18	43	1
T11	Chimie de base, product. de fils et fibres artificiels et synthétiques	2 200	1 083	471	99
T12	Parachimie et industrie pharmaceutique	541	16	1 177	16
T13	Fonderie et travail des métaux	487	26	842	13
T14	Construction mécanique	2 076	31	1 173	19
T15	Construction électrique et électronique	3 603	19	6 448	28
T16	Construction de véhicules automobiles et d'autres matériels de transport terrestre	1 285	28	2 951	68
T17	Construction navale et aéronautique, armement	288	1	480	6
T18	Industries textiles et de l'habillement	1288	20	438	2
T19	Industries du cuir et de la chaussure	454	7	157	1
T20	Industries du bois et de l'ameublement, Industries diverses	1 198	218	668	15
T21	Industrie du papier et du carton	720	144	878	55
T22	Imprimerie, presse, édition	146	2	79	1
T23	Industries du caoutchouc et de la transformation des matières plastiques	791	43	1 118	35
T33	Services marchands rendus principalement aux entreprises (poste 56 de la NAP : récupération)	15	6	101	108
	TOTAL	**27 217**	**7 239**	**33 969**	**3 183**

Importations de Bretagne selon la zone économique en 1995

Source : Direction Régionale des Douanes *Valeur : 1 000 F - Quantité : tonne*

Zones économiques	Valeurs	Quantités
Union Européenne	16 878 643	3 580 794
Belgique et Luxembourg	2 516 681	719 891
Pays-Bas	1 654 864	223 093
Allemagne	3 083 951	396 753
Italie	1 808 318	163 362
Royaume-Uni	3140 904	1 149 579
Irlande	632 075	84 406
Danemark	492 002	38 280
Grèce	32 864	16 236
Portugal	890 748	76 163
Espagne	1 589 697	294 358
Suède	640 054	326 521
Finlande	266 207	83 329
Autriche	130 278	8 823
O.C.D.E. hors Union Européenne *	4 508 317	1 087 518
Pays de l'Est	774 772	401 572
Pays d'Asie à développement rapide **	1 299 447	101686
Moyen-Orient	159 409	4613
Afrique	1 038 642	494 984
Reste du Monde	2 630 139	1 637 869
Total	**27 289 369**	**7 309 036**

* Organisation de Coopération et de Développement (O.C.D.E.) hors Union Européenne : Islande, Norvège, Suisse, Turquie, États Unis d'Amérique du Nord, Canada, Mexique, Japon, Australie, Nouvelle-Zèlande.

** Thaïlande, Indonésie, Malaysia, Brunei, Singapour, Philippines, Chine, Corée du Sud, Taïwan, Hong-Kong.

Exportations de Bretagne selon la zone économique en 1995

Source : Direction Régionale des Douanes *Valeur : 1 000 F - Quantité : tonne*

Zones économiques	Valeurs	Quantités
Union Européenne	23 134 756	2 254 400
Belgique et Luxembourg	2 498 524	248 922
Pays-Bas	1 731 474	138 632
Allemagne	5 589 438	474 127
Italie	3 215 078	319 324
Royaume-Uni	3 554 910	569 232
Irlande	200 496	13 726
Danemark	375 595	31 460
Grèce	479 326	39 591
Portugal	590 567	50 482
Espagne	4 330 356	331 887
Suède	234 379	15 308
Finlande	68 050	3 527
Autriche	266 563	18 182
O.C.D.E. hors Union Européenne *	2 484 669	118 316
Pays de l'Est	1 196 008	124 074
Pays d'Asie à développement rapide **	1 484 068	73 165
Moyen-Orient	1 465 918	198 656
Afrique	2 249 014	288 569
Reste du Monde	1 954 450	125 868
Total	**33 968 883**	**3 183 048**

* Organisation de Coopération et de Développement (O.C.D.E.) hors Union Européenne : Islande, Norvège, Suisse, Turquie, États Unis d'Amérique du Nord, Canada, Mexique, Japon, Australie, Nouvelle-Zèlande.

** Thaïlande, Indonésie, Malaysia, Brunei, Singapour, Philippines, Chine, Corée du Sud, Taïwan, Hong-Kong.

Principaux produits importés en Bretagne en 1995

Source : Direction Générale des Douanes — *Valeur : 1 000 F - Quantité : tonne*

	Valeurs	Quantités
Huiles et corps gras bruts	1 453 847	1 509 120
Viande fraîche	1 354 687	88 387
Produits pétroliers raffinés	1 133 496	1 437 737
Conserves de poissons	1 076 500	80 240
Produits de la pêche en mer	1 038 696	62 552
Piéces et équipements spécifiques pour automobiles	732 498	15 639
Oléagineux autres que tropicaux	698 495	555 779
Tubes électroniques et semi-conducteurs	602 048	325
Fils et cables isolés pour l'électricité	596 429	4 729
Composants passifs et condensateurs fixes	574 318	1 538
Aliments pour animaux	502 904	304 664
Beurre	476 255	22 567
Matériel télégraphique et téléphonique	470 440	938
Produits finis sidérurgiques	466 549	137 521
Matières plastiques	442 988	54 317
Produits de la chimie organique de synthèse	429 601	28 426
Produits de la scierie	402 151	170 484
Moteurs à combustion interne autres que pour l'auto. et l'aéronautique	388 317	5 231
Machines pour les indus. alimentaires, chimiques et plastiques	379 828	4 306
Pierres de construction	347 394	202 295

Principaux produits importés par département en 1995

Source : Direction Générale des Douanes — *Valeur : 1 000 F.*

	Valeurs
Côtes-d'Armor	
Viande fraîche	442 714
Huiles et corps gras bruts	342 680
Matériel télégraphique et téléphonique	142 307
Tubes électroniques et semi-conducteurs	114 049
Véhicules utilitaires	99 841
Finistère	
Produits de la pêche en mer	596 460
Oléagineux autres que tropicaux	590 945
Conserves de poissons	415 676
Moteurs à combustion interne autres que pour l'auto et l'aéronautique	338 571
Produits pétroliers raffinés	330 907
Ille-et-Vilaine	
Viande fraîche	615 449
Fils et cables isolés pour l'électricité	584 730
Pièces et équipements spécifiques pour automobiles	567 495
Chaussures et autres articles chaussants	299 427
Produits finis sidérurgiques	293 140
Morbihan	
Huiles et corps gras bruts	747 911
Produits pétroliers raffinés	688 379
Conserves de poissons	526 740
Beurre	303 547
Aliments pour animaux	288 520

Principaux produits exportés de Bretagne en 1995

Source : Direction Générale des Douanes — *Valeur : 1 000 F - Quantité : tonne*

	Valeurs	Quantités
Viande de volaille et gibier	4 646 910	543 790
Matériel télégraphique et téléphonique	3 448 489	5 752
Viande fraîche	2 864 694	234 438
Piéces et équipements spécifiques pour automobiles	2 013 688	46 373
Laits concentrés, laits secs	1 600 662	121 494
Produits de la pêche en mer	1 070 537	150 262
Machines de bureau	999 793	4 759
Produits de la parfumerie	836 823	8 336
Produits de la transformation du papier	827 390	51 600
Aliments pour animaux	755 675	144 233
Légumes frais	720 877	193 888
Voitures particulières	598 441	9 876
Mélanges, plaques, feuilles, films, tubes, tuyaux et profilés	565 149	27 298
Charcuterie et conserves de viandes	539 904	46 335
Conserves de poissons	536 152	38 792
Matériel professionnel électronique et radio-électrique	482 379	197
Petits articles métalliques	449 024	2 905
Cuirots et peaux brutes	419 777	17 872
Fromages	416 437	31 115
Huiles et corps gras bruts	366 156	119 968

Principaux produits exportés par département en 1995

Source : Direction Générale des Douanes — *Valeur : 1 000 F.*

	Valeur
Côtes-d'Armor	
Matériel télégraphique et téléphonique	1 690 032
Viande fraîche	776 120
Viande de volaille et gibier	477 169
Laits concentrés, laits secs	302 964
Appareils ménagers	243 846
Finistère	
Viande de volaille et gibier	2 134 791
Matériel télégraphique et téléphonique	968 792
Produits de la pêche en mer	882 081
Produits de la transformation du papier	781 732
Viande fraîche	593 928
Ille-et-Vilaine	
Pièces et équipements spécifiques pour automobiles	1 629 602
Machines de bureau	998 584
Matériel télégraphique et téléphonique	789 611
Viande fraîche	618 303
Voitures particulières	578 814
Morbihan	
Viande de volaille et gibier	2 022 058
Viande fraîche	875 118
Produits de la parfumerie	749 243
Laits concentrés, laits secs	522 295
Mélanges, plaques, feuilles, films, tubes, tuyaux et profilés	255 441

Zones d'emploi

ZONES D'EMPLOI

Les zones d'emploi de Bretagne

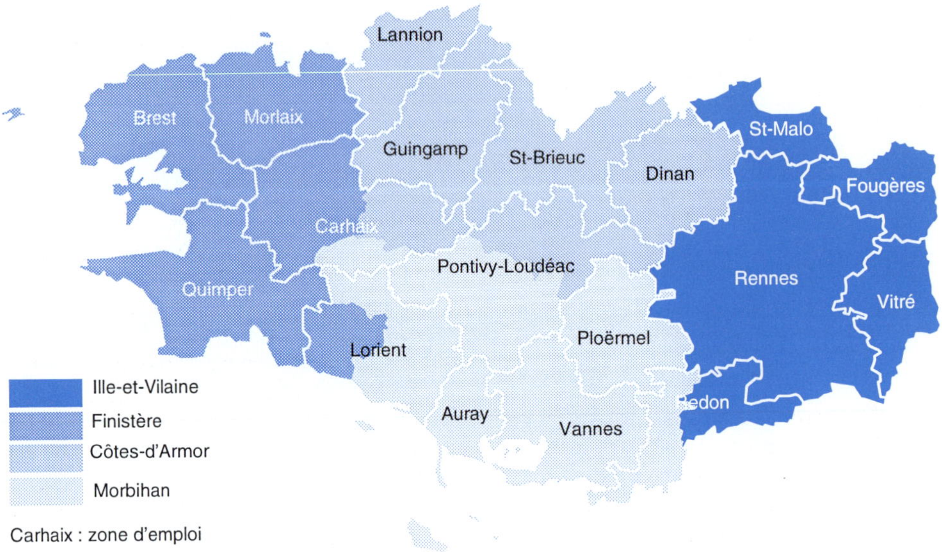

© IGN - INSEE

Présentation générale

Cadres d'analyse et aussi de certains projets de développement, les **zones d'emploi** sont avant tout des territoires socio-économiques qui ne recouvrent pas nécessairement les découpages administratifs, bien que respectant les limites de région. Ainsi le "Pays de Redon" dont les communes concernées en Loire Atlantique sont exclues.

La distinction sémantique entre "**zone**" et "**bassin d'emploi**" tient à ce que ce dernier est défini comme un espace le plus petit possible (un seuil de cinq communes est souvent retenu) au sein duquel tend à régner un équilibre qualitatif et quantitatif entre actifs résidents et emplois. Il s'affranchit de toute limite administrative. Plusieurs bassins peuvent être réunis dans une même zone d'emploi et certains scindés par suite de contraintes diverses (cf. supra).

La partition de la Bretagne en 18 zones d'emploi a été réalisée en 1982 par le groupe de travail interadministratif chargé de faciliter l'accès des comités locaux de l'emploi à l'information sur l'emploi. Ce zonage reprend pour l'essentiel le découpage en 17 "pays" élaboré en 1964 par la Préfecture de région et l'Insee. La création de la 18 ième zone, Auray, a répondu à une ancienne demande d'identification déjà satisfaite par diverses administrations.

Pour l'ensemble de la France leurs périmètres ont été actualisés en 1994, en s'appuyant notamment sur le Recensement de la population de 1990 ; 348 Zones d'emploi ont été ainsi délimitées. Pour ce qui est de la Bretagne, les 18 zones ont été validées sans changement.

POPULATION

La croissance démographique est toujours plus vive à la périphérie des villes, au détriment des campagnes. Les 18 zones d'emploi de Bretagne présentent ainsi de nettes disparités de croissance. De 1990 à 1995, quatre zones présentent des taux supérieurs à la moyenne régionale. Vannes, Rennes et Vitré, qui allient soldes naturel et migratoire positifs, se détachent nettement, tandis que la zone de St-Malo compte en 1994 plus de décès que de naissances.
Le nombre d'habitants continue de diminuer à Carhaix, Pontivy-Loudéac, Morlaix, Fougères, et Guingamp. En fait la croissance de la population est proche de zéro, entre - 0,1 et + 0,1 % par an, dans sept zones : Morlaix, Fougères, Guingamp, Quimper, Dinan, Lorient et Ploermel. Une opposition tenace entre les mouvements naturel et migratoire les contraint à stagner. Cette opposition s'observe aussi dans les zones de Lannion, Brest, Redon et Auray, mais leur évolution globale est cependant un peu plus rapide, de 0,2 à 0,4 % par an.

EMPLOI ET CHÔMAGE

En 1995, la croissance de l'emploi salarié privé breton s'est poursuivie à un rythme équivalent à celui de l'année précédente. La répartition géographique des créations d'emplois s'est cependant modifiée. Les zones du centre-est Bretagne, qui avaient bénéficié en 1994 du développement de l'agro-alimentaire, sont à la traîne en 1995, avec un solde de créations d'emplois presque nul. L'industrie comme le tertiaire y stagnent, alors que ce dernier secteur se développe dans la quasi-totalité des zones d'emploi. Les nouveaux emplois de l'agro-alimentaire se concentrent en 1995 sur les zones d'emploi de Vannes, Morlaix, Rennes et Vitré. Cette dernière enregistre pour la deuxième année consécutive, en valeur relative, une forte hausse de l'emploi salarié. Il en va de même pour Morlaix, et, en 1995, pour le tiers ouest de la Bretagne. La zone de Rennes, après une année 1994 marquée par la morosité de son industrie, crée deux fois plus d'emplois que l'année précédente.

REVENUS ET SALAIRES

La source utilisée, et la seule disponible à cet échelon, est l'impôt sur le revenu des personnes physiques (IRPP). Les statistiques établies par la Direction générale des impôts fournissent une estimation de la richesse des bretons.
Estimation car le revenu net moyen par foyer fiscal, après déduction, ne constitue qu'une approximation du revenu réel. Le revenu des salariés étant mieux connu que celui des non-salariés, la comparaison entre zones doit être appréciée en tenant compte du paysage social de chacune d'entre elles.
Par ailleurs, le revenu brut moyen estimé par foyer constitue une estimation basse. Il est reconstitué à partir du revenu net en ne retenant que la déduction de 10 % sur les salaires et l'abattement supplémentaire de 20 %.
Le salaire net moyen annuel est comparable dans sa définition au revenu déclaré de la colonne précédente. Dans la pratique on en est assez loin : sous-évaluation du revenu, champ couvert et unité statistique différente (cf supra chapitres Salaires et Revenus)...
Si l'on retient le critère du revenu net moyen par foyer fiscal, la zone de Rennes est toujours en première position des 18 zones d'emploi avec 87 179 F. Suivent en ordre décroissant Vannes, Brest, Saint-Brieuc, Saint-Malo, Auray ...
A l'inverse, les zones de Redon et surtout de Carhaix ferment la marche avec des revenus par foyer largement inférieurs aux revenus régionaux.

Pour en savoir plus :

- "Atlas breton des zones d'emploi" - Direction régionale du Travail, de l'Emploi et de la Formation Professionnelle de Bretagne - Septembre 1995 - 73p.

Croissance de la population

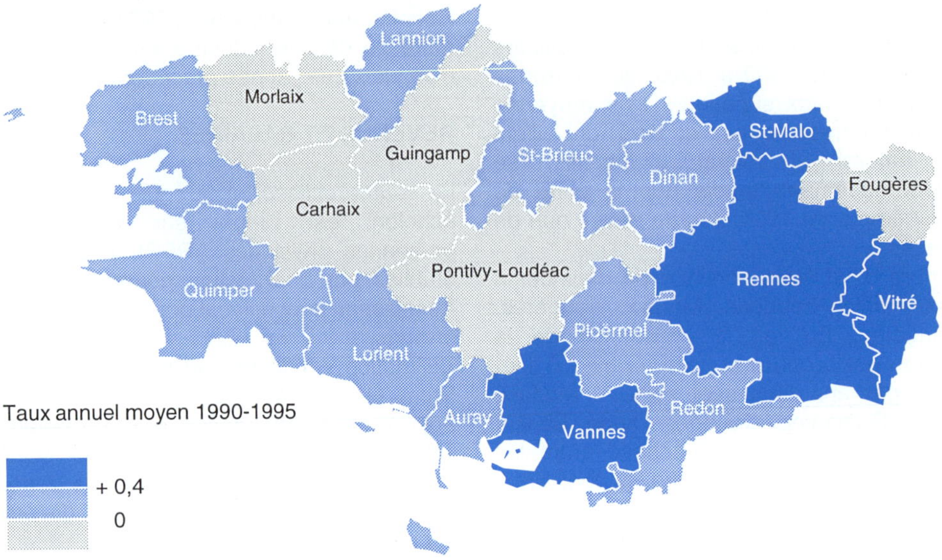

Caractéristiques démographiques

Sources : RP 90 - État civil - INSEE

Zone d'emploi	Population 1995	Densité 1995 *	Croissance 1982 -1990 **	Croissance 1990-1995 **	Taux de natalité 1994 **	Taux de mortalité 1994 **
Dinan	89 500	75	+ 0,6	+ 0,5	10,1	10,7
Guingamp	88 700	58	- 3,9	- 0,6	10,0	12,5
Lannion	92 400	102	+ 0,1	+ 2,2	8,9	12
Saint-Brieuc	206 100	123	+ 2,4	+ 2,3	10,6	10,3
Brest	364 500	224	+ 3,1	+ 2,2	12,3	9,5
Morlaix	126 200	89	- 1,3	- 1,2	10,1	12,4
Quimper	264 100	131	+ 2,2	+ 0,1	10,2	12
Carhaix	70 200	35	- 7,2	- 7,7	8,7	15,5
Fougères	67 900	80	- 3,3	- 1	10,5	9,6
Rennes	548 800	143	+ 10,0	+ 11,3	12,6	6,8
Saint-Malo	119 200	189	+ 6,6	+ 5,8	10,9	11
Vitré	63 700	70	+ 9,2	+ 8,8	13,6	7,9
Redon	69 100	61	+ 2,8	+ 2,9	10,2	10,2
Auray	73 200	116	+ 8,2	+ 3,8	11	11
Ploërmel	59 400	49	+ 1,4	+ 1,3	11,5	11,8
Vannes	165 300	104	+ 12,5	+ 14,1	11,8	8,8
Lorient	258 300	160	+ 5,5	+ 0,8	10,9	9,7
Pontivy-Loudéac	119 200	49	- 2,2	- 2,1	10,3	11,7
Bretagne	**2 845 700**	**105**	**+ 4,0**	**+ 3,8**	**11,2**	**10**

* Habitants par km^2

** Taux annuel pour 1 000 habitants

Variation de l'emploi salarié privé en 1995

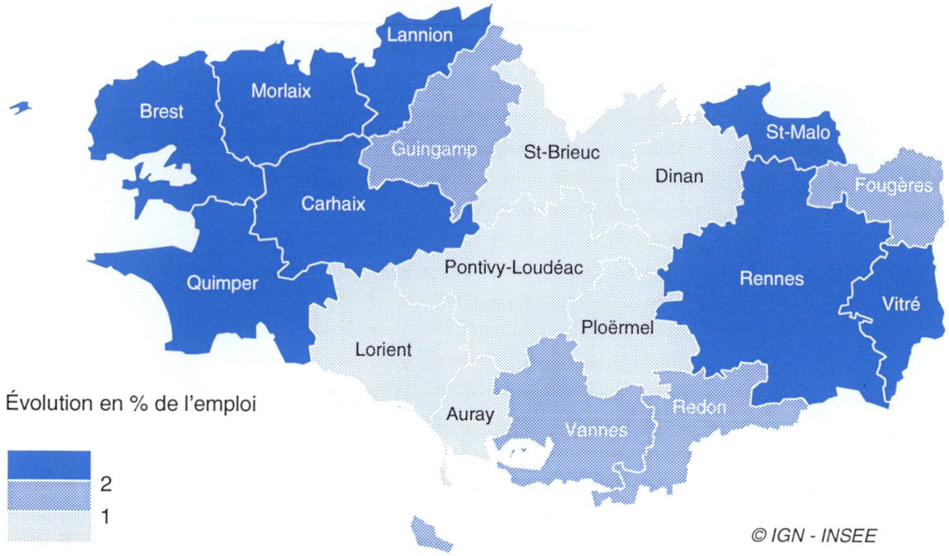

Chômage

Sources : INSEE - DRTEFP

Zone d'emploi	Évolution du nombre de DEFM* au 31.12.1995	Part des chômeurs au 31.12.1995 de longue durée	Part des jeunes dans les DEFM au 31.12.1995	Part des femmes dans les DEFM au 31.12.1995
Dinan	- 2,2	34,2	25,4	54,4
Guingamp	+ 0,4	34,4	23,1	52,4
Lannion	- 3,5	33,1	22,3	51,6
Saint-Brieuc	- 5,6	33,9	24,4	52,2
Brest	- 0,9	35,0	24,6	55,3
Morlaix	- 8,4	34,4	22,2	53,6
Quimper	- 5,3	32,3	22,0	51,4
Carhaix	- 2,7	29,8	23,3	47,1
Fougères	+ 2,8	28,0	29,3	56,7
Rennes	- 1,8	32,0	25,8	54,5
Saint-Malo	- 6,3	31,7	23,5	51,9
Vitré	- 2,2	25,3	32,2	56,0
Redon	- 3,1	34,5	27,6	54,4
Auray	- 2,9	24,9	23,7	54,0
Ploërmel	+ 0,7	30,4	31,2	54,5
Vannes	- 1,9	29,6	26,1	53,8
Lorient	- 2,3	37,6	23,4	53,4
Pontivy-Loudéac	- 4,3	26,7	27,8	53,6
Bretagne	**- 2,6**	**32,7**	**24,8**	**53,5**

*DEFM : demandes d'emploi enfin de mois catégorie 1 + catégorie 6
part des chômeurs de longue durée, part des jeunes, part des femmes catégorie 1 uniquement.

Revenu net moyen annuel par foyer fiscal en 1993

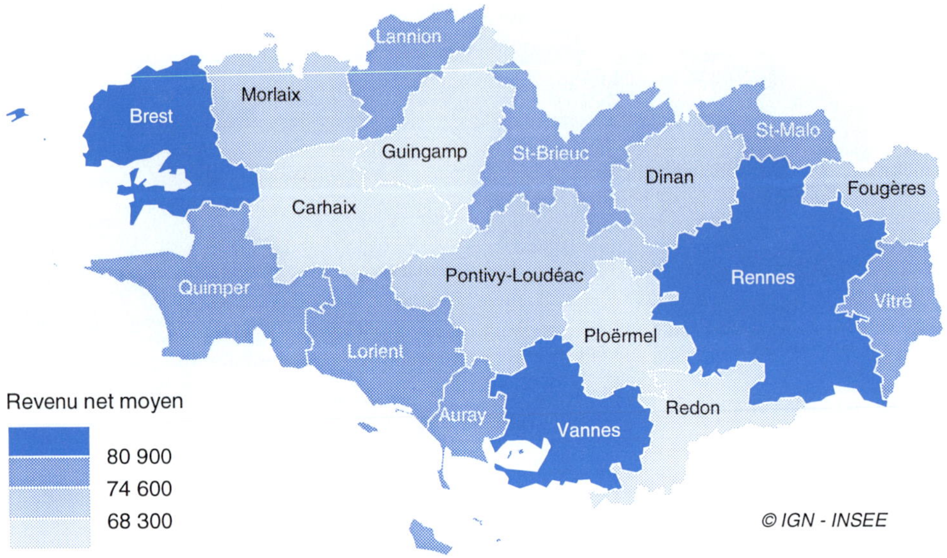

Revenus fiscaux et salaires dans le secteur privé en 1993

Sources : DGI - INSEE

Zone d'emploi	Revenu net moyen par foyer fiscal			Revenu brut moyen estimé par foyer fiscal	Salaire net moyen annuel
	Imposé	Non imposé	Tous foyers		
Dinan	127 233	34 915	71 082	98 700	96 400
Guingamp	123 903	33 221	67 277	93 400	99 200
Lannion	130 410	34 985	77 358	107 400	114 700
Saint-Brieuc	129 504	36 728	78 685	109 300	101 600
Brest	126 809	39 022	81 015	112 500	106 400
Morlaix	125 480	34 421	71 013	98 600	101 500
Quimper	124 604	36 756	76 979	106 900	105 000
Carhaix	115 271	31 156	62 080	86 200	94 400
Fougères	121 975	36 753	70 774	98 300	91 200
Rennes	134 971	39 057	87 179	121 100	111 200
Saint-Malo	132 577	36 267	78 202	108 600	101 800
Vitré	128 675	40 170	74 752	103 800	95 100
Redon	115 852	36 730	66 192	91 900	94 200
Auray	130 651	36 743	78 115	108 500	98 200
Ploërmel	117 242	35 669	66 994	93 000	89 500
Vannes	131 884	38 241	82 846	115 100	102 600
Lorient	123 006	37 226	75 906	105 400	103 100
Pontivy-Loudéac	124 440	34 540	68 616	95 300	93 100
Bretagne	**127 898**	**36 890**	**77 547**	**107 700**	**103 600**

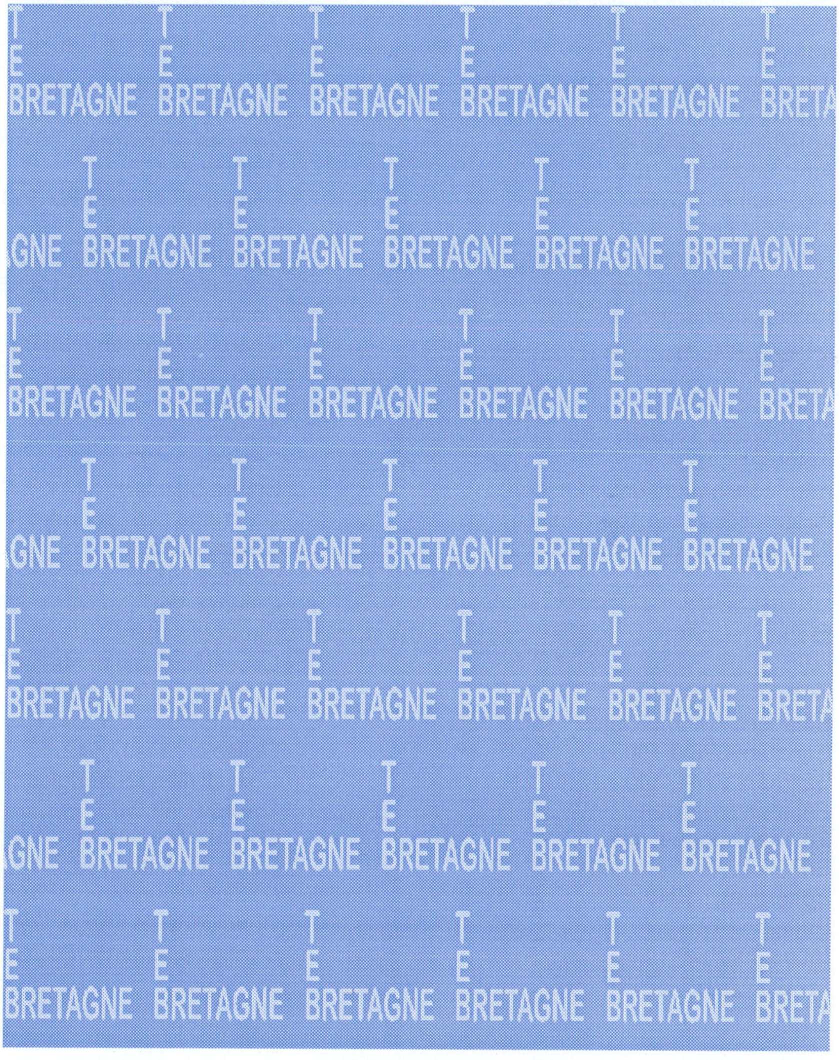
T
E
BRETAGNE

INDEX ALPHABÉTIQUE

D

E

F

G

H

I

J

INDEX DES ORGANISMES SOURCES

Classés dans l'ordre alphabétique des thèmes

• AGRICULTURE

- Ministère de l'Agriculture, de la Pêche et de l'Alimentation
  Service Central des Enquêtes et Études Statistiques (SCEES)
  4, avenue de St Mandé - 75570 Paris Cédex 12
  Tél : 01.49.55.85.85
  Fax : 01.49.55.85.11

- Service Régional de Statistique Agricole
  15, avenue de Cucillé - 35047 Rennes Cédex
  Tél : 02.99.28.22.30
  Fax : 02.99.28.20.55

• BÂTIMENT, TRAVAUX PUBLICS

- Fédération Nationale des Travaux Publics
  3, rue de Berri - 75008 Paris
  Tél : 01.44.13.31.44
  Fax : 01.45.61.04.47

• CLIMATOLOGIE

- Météo-France
  Direction météorologique interrégional Ouest
  27, rue Jules Vallès - BP 3142 - 35031 Rennes Cédex
  Tél : 02.99.65.22.30
  Fax : 02.99.65.22.22

• COMMERCE EXTÉRIEUR

- Direction Nationale des Statistiques du Commerce Extérieur
  161, chemin de Lestang - 31057 Toulouse Cédex
  Tél : 05.62.11.23.00
  Fax : 05.62.11.24.80

- Direction Régionale des Douanes
  8, cours des Alliés - BP 2010 - 35040 Rennes Cédex
  Tél : 02.99.65.01.99
  Fax : 02.99.31.89.64

• CRÉDIT, ÉPARGNE

- Direction Régionale de la Banque de France
  25, rue de la Visitation - BP 178 - 35003 Rennes Cédex
  Tél : 02.99.25.12.12
  Fax : 02.99.25.12.22

• DÉMOGRAPHIE

- Institut National d'Études Démographiques
  27, rue du Commandeur - 75675 Paris Cédex 14
  Tél : 01.42.18.20.00
  Fax : 01.42.18.21.99

• EMPLOI

- Ministère du Travail, Dialogue Social et Participation-
  Direction de l'Animation de la Recherche des Études
  et des Statistiques (DARES)
  20, rue d'Estrées - 75700 Paris 07
  Tél : 01.40.56.60.00
  Fax : 01.40.56.73.42

- Direction Régionale du Travail, de l'Emploi
  et de la Formation Professionnelle
  13-15 rue Dupont des Loges - BP 3147 - 35031 Rennes Cédex
  Tél : 02.99.31.57.04
  Fax : 02.99.30.46.00

• ÉNERGIE

- Comité Professionnel du Pétrole
  3 rue E & A Peugeot - BP 282 - 92505 Ruel Malmaison Cédex
  Tél : 01.47.16.94.60
  Fax : 01.47.08.10.57

- Direction Régionale de l'Industrie, de la Recherche
  et de l'Environnement de Bretagne
  9, rue du Clos Courtel - 35043 Rennes Cédex
  Tél : 02.99.87.43.21
  Fax : 02.99.87.43.03

- **ENSEIGNEMENT**
  - Rectorat d'Académie
    96, rue d'Antrain - 35044 Rennes Cédex
    Tél : 02.99.28.78.78
    Fax : 02.99.28.77.72

- **ENVIRONNEMENT**
  - Direction Régionale de l'Environnement - Le Magister
    6, cours Raphaël Binet - 35000 Rennes
    Tél : 02.99.65.35.36
    Fax : 02.99.65.35.00

- **FINANCES PUBLIQUES**
  - Direction Générale des Collectivités Locales
    2, place des Saussaies - 75800 Paris cédex
    Tél : 01.40.07.25.24
    Fax : 01.40.07.60.67

- **INDUSTRIE, POSTE ET TÉLÉCOMMUNICATIONS**
  - Ministère de l'Industrie, des Postes et Télécommunications
    Service des Statistiques Industrielles (SESSI)
    20 avenue de Ségur - 75353 Paris Cédex 07
    Tél : 01.43.19.41.07
    Fax : 01.43.19.41.73

- **JUSTICE**
  - Ministère de la Justice, Direction de l'Administration Générale
    et de l'Équipement, Sous-Direction de la Statistique,
    des Études et de la Documentation
    251, rue St Honoré - 75001 Paris
    Tél : 01.44.77.60.00
    Fax : 01.44.77.66.50

- **LOGEMENT - CONSTRUCTION**
  - Cellule Économique de Bretagne
    7, bd Solférino - 35000 Rennes
    Tél : 02.99.30.23.51
    Fax : 02.99.31.40.45
  - Direction Régionale de l'Équipement
    5, bd Laënnec - Les Bonnets Rouges - 35065 Rennes Cédex
    Tél : 02.99.29.66.66
    Fax : 02.99.65.56.22

- **PÊCHE**
  - Centre Administratif des Affaires Maritimes
    27, quai Solidor - BP 130 - 35048 St-Malo Cédex
    Tél : 02.99.82.78.78
    Fax : 02.99.82.78.93

- **SANTÉ**
  - Ministère de la Santé et de l'Assurance Maladie
    Service des Statistiques, des Études et des Systèmes d'Information (SESI)
    14, avenue Duquesnes - 75350 Paris 07 SP
    Tél : 01.40.56.60.00
    Fax : 01.40.56.50.41
  - Direction Régionales des Affaires Sanitaires et Sociales
    Immeuble "Les trois soleils" 20, rue d'Isly - 35042 Rennes Cédex
    Tél : 02.99.35.29.00
    Fax : 02.99.30.59.03
  - Observatoire Régional de Santé de Bretagne
    15, av. Professeur Léon Bernard - BP 1605 - 35016 Rennes Cédex
    Tél : 02.99.33.98.94
    Fax : 02.99.59.20.43
  - Institut National de la Santé et de la Recherche Médicale (INSERM)
    101, rue de Tolbiac - 75654 Paris cédex 13
    Tél : 01.44.23.60.00
    Fax : 01.44.85.68.56

- **TOURISME, TRANSPORTS**
  - Ministère de l'Équipement, des Transports et du Tourisme
    Observatoire Économique et Statistique des Transports (OEST)
    Tour Pascal B - 92055 Paris la Défense Cédex 04
    Tél : 01.40.81.21.22
    Fax : 01.40.81.17.71
  - Observatoire Régional des Transports de Bretagne
    5, bd Laënnec - Les Bonnets Rouges - 35065 Rennes Cédex
    Tél : 02.99.29.66.59
    Fax : 02.99.65.56.22

■ LES RELAIS

L'INSEE-BRETAGNE se rapproche de ses utilisateurs ...

Grâce à nos relais de diffusion, vous pourrez consulter sur place la plupart des publications de l'INSEE.

CÔTES-D'ARMOR

Centre Départemental de Documentation Pédagogique (CDDP)
30, rue Brizeux
22015 SAINT-BRIEUC Cédex
Tél. : 02 96 62 21 11

FINISTÈRE

Centre Départemental de Documentation Pédagogique (CDDP)
16, avenue Georges-Clémenceau
29283 BREST Cédex
Tél. : 02 98 80 06 89

Centre Départemental de Documentation Pédagogique (CDDP)
26, place de la Tour d'Auvergne
29336 QUIMPER Cédex
Tél. : 02 98 55 28 30

Centre d'Information Économique (CIE)
12, rue de Kergoat (faculté de droit) - BP 816
29285 BREST Cédex
Tél. : 02 98 01 60 39

ILLE-ET-VILAINE

Centre Régional de Documentation Pédagogique (CRDP)
92, rue d'Antrain - BP 158
35003 RENNES Cédex
Tél. : 02 99 28 78 58

MORBIHAN

Chambre de Commerce et d'Industrie (CCI)
3, rue Marie-Dorval - BP 136
56101 LORIENT Cédex
Tél. : 02 97 02 40 00

Centre Départemental de Documentation Pédagogique (CDDP)
65, rue Édouard-Beauvais
56100 LORIENT
Tél. : 02 97 64 64 62

Centre Départemental de Documentation Pédagogique (CDDP)
20, rue Jean-Gougaud
56000 VANNES
Tél. : 02 97 63 21 37

INSEE BRETAGNE à votre service ...

... Comment accéder à nos informations ?

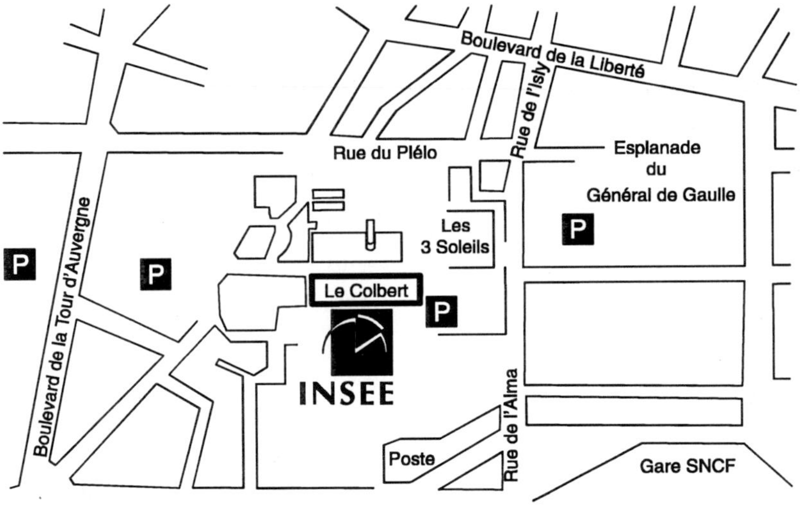

☞ **Sur rendez-vous :** Immeuble le Colbert
36 place du Colombier à Rennes

- Une assistance vous sera proposée,
- Vous y trouverez les publications de l'Insee et celles des Services Statistiques Ministériels : Agriculture, Éducation Nationale, Équipement ...
- Possibilité d'acheter les publications nationales et régionales de l'Insee,
- Vous pourrez aussi bénéficier d'une recherche documentaire, de l'interrogation de banques de données, d'exploitations spécifiques de fichiers informatiques ...

☞ **Courrier :** adressez votre demande à :

INSEE BRETAGNE
Services Études - Diffusion
35082 Rennes Cédex

☞ **Télécopie :** 02.99.29.33.90

☞ **Téléphone :**
- renseignements statistiques } 02.99.29.33.66
- prise de rendez-vous }
- indices courants sur serveur vocal 02.36.68.07.60 (2,23 F la minute)

☞ **Minitel :** 36.15 ou 36.16 code INSEE (publications, indices et derniers chiffres)
36.17 code SIRENE (liste et comptage d'entreprises)
36.17 code PVI (indice des prix de ventes industriels).

L'INSEE DANS VOTRE RÉGION

ALSACE
2, rue de l'Hôpital Militaire - Cité administrative
67084 **STRASBOURG** cédex
Tél : 03.88.52.40.40 - Fax : 03.88.58.40.41

AQUITAINE
33, rue Saget
33076 **BORDEAUX** cédex
Tél : 05.57.95.05.00 - Fax : 05.57.95.03.58

AUVERGNE
3, place Charles De Gaulle - BP 120
63403 **CHAMALIÈRES** cédex
Tél : 04.73.31.82.82 - Fax : 04.73.31.82.92

BOURGOGNE
2, rue Hoche - BP 1509
21035 **DIJON** cédex
Tél : 03.80.40.67.67 - Fax : 03.80.40.67.40

BRETAGNE
36, place du Colombier "Le Colbert"
35082 **RENNES** cédex - Tél : 02.99.29.33.33
Tél SED : 02.99.29.33.66 - Fax : 02.99.29.33.90

CENTRE
8, rue Édouard Branly BP 6719
45067 **ORLÉANS** cédex 2
Tél : 02.38.69.52.52 Fax : 02.38.69.52.00
SED : 43, avenue de Paris - BP 6719
45067 **ORLÉANS** cédex 2
Tél : 38.69.52.52

CHAMPAGNE ARDENNE
1, rue de L'Arbalète
51079 **REIMS** cédex
Tél : 03.26.48.60.00 - Fax : 03.26.48.60.60

CORSE
Résidence du Cardo - Rue des Magnolias - BP 907
20700 **AJACCIO** cédex
Tél : 04.95.23.54.54 - Fax : 04.95.23.54.79

FRANCHE COMTÉ
"Le Major" - 83, rue de Dôle - BP 1997
25020 **BESANÇON** cédex
Tél : 03.81.41.61.61 - Fax : 03.81.41.61.99

ILE DE FRANCE
7, rue Stéphenson - Montigny le Bretonneux
78188 **St QUENTIN en YVELINES** cédex
Tél : 01.30.96.90.00 - Fax : 01.30.96.90.01
INSEE Info Services : Tour "Gamma A" -
195 rue de Bercy
75582 **PARIS** cédex 12 Tél : 01.43.45.73.74

LANGUEDOC ROUSSILLON
274, allée Henri II de Montmorency "Le Polygone"
34064 **MONTPELLIER** cédex 2
Tél : 04.67.15.70.00 - Fax : 04.67.15.70.70

LIMOUSIN
29, rue Beyrand
87031 **LIMOGES** cédex
Tél : 05.55.45.20.07 - Fax : 05.55.45.20.00

LORRAINE
15, rue du Général Hulot - BP 3846
54029 **NANCY** cédex
Tél : 03.83.91.85.85 - Fax : 03.83.40.45.61

MIDI PYRÉNÉES
36, rue des 36 Ponts
31054 **TOULOUSE** cédex
Tél : 05.61.36.61.36 - Fax : 05.61.36.62.00

NORD PAS-DE-CALAIS
130, avenue du Président JF Kennedy - BP 769
59034 **LILLE** cédex
Tél : 03.20.62.86.29 - Fax : 03.20.62.86.00
SED : 10-12 boulevard Vauban
59800 **LILLE**
Tél : 03.20.62.86.66

BASSE NORMANDIE
93-95, rue de Geôle
14052 **CAEN** cédex
Tél : 02.31.15.11.00 - Fax : 02.31.15.11.01

HAUTE NORMANDIE
8, quai de la Bourse
76037 **ROUEN** cédex - Tél SED : 02.31.85.35.70
Tél : 02.35.52.49.11 - Fax : 02.35.15.06.32

PAYS DE LOIRE
105, rue des Français Libres - BP 2189
44204 **NANTES** cédex 02
Tél : 02.40.41.75.75 - Fax : 02.40.41.79.39

PICARDIE
1, rue Vincent Auriol
80040 **AMIENS** cédex
Tél : 03.22.97.32.00 - Fax : 03.22.97.32.01

POITOU CHARENTES
Rue Leclanché - BP 557
86020 **POITIERS** cédex
Tél : 05.49.88.31.69 - Fax : 05.49.55.17.39
SED : rue du Bois d'Amour - BP 557
86020 **POITIERS** cédex
Tél : 05.49.88.38.71

PROVENCE ALPES CÔTE D'AZUR
17, rue Menpenti
13387 **MARSEILLE** cédex 10
Tél : 91.17.57.57 - Fax : 91.17.59.59

RHÔNE ALPES
165, rue Garibaldi - BP 3184
69401 **LYON** cédex 3
Tél : 04.72.60.15.00 - Fax : 04.72.60.15.02

ANTILLES GUYANE
Tour Secid - BP 300
97158 **POINTE-Á-PITRE** cédex
Tél : 0.590.93.78.38 - Fax : 0.590.83.89.25

RÉUNION
5, rue de l'École - BP 13
97408 **SAINT-DENIS** messag cédex 9
Tél : 0.262.29.52.70 - Fax : 0.262.29.76.85

L'adresse distincte du Service Études et Diffusion (SED) est indiquée seulement si elle est différente de celle de la Direction Régionale, dans le cas d'une implantation bipolaire.
Le fax indiqué est toujours celui de la direction.